蓮氷。午后十一時に陽は沈み、午前二時に陽はまた昇る

南極大陸ブライド湾の定着氷に錨をおろした“しらせ”

青の洞門（第四回ＡＭＡＴＥＲＡＳ展・齋藤康一選賞受賞作）

南極銘吟醸を抱えて。左オレンジ色は埋もれた基地の屋根

ブリ吹く日の“あすか”とロムナエス・ヌナターク

裸氷とニルスラルセン山

ビーデレー山と裸氷とモレーン

アーベントロートに燃えるバウターエン針峰

サスツルギの雪原を征く雪上車

輝く裸氷。まさに自然のつくりだした煌めくシャンデリア

沈む我らがあすか基地と“あすか”のスキー場ロムナエス

シール岩の大ウインドスクープと翔けるトウガモ（鳥）

ロークコラーネに登った

ピングインナネがみえてきた！

ロイサーネ。白きたおやかな峰になんと毛虱模様

うつくしき三角錐。それはニルスラルセン。セルロンの珠玉

多数の雪鳥舞う奇怪な形のヌナターク

強風に逆らいウインドスクープに駆け込む

ブラットニーパネの“二の谷”内院を行く

バウターエン接近す

トールネ針峰。岩登り垂涎の的 !!

ミッドウインター祭。スコッチウイスキー唎き酒大会

南極で愛用した志野二盃（酒井甲夫作）。右の盃は志野釉に南極長石を使用

初代ハリソンフロッグとヒックリー蛙

六月の二尺山女魚。新潟県魚野川の桜鱒

白い沙漠と緑の山河

南極!!　極寒のサバイバルを支えた酒と食

はじめに

〝白い沙漠と緑の山河〟は、いまはなき釣り雑誌『フィッシング』（廣済堂出版）誌上に一九八九年十月号から一九九〇年十一月号まで、〝南極帰りの徒然草〟のタイトルのもとに連載したものです。

また〝南極酔いどれ船〟は酒の季刊誌『乾杯』（鎌倉書房・現在廃刊）誌上に同題のもと四回にわたり連載いたしました。

このうち第一部〝白い沙漠と緑の山河〟では主として南極と自然、そして緑の日本へのおもいをかいてみました。いっぽう、第二部〝南極酔いどれ船〟は、第一部でも触れてはいますが、南極の酒と食を中心にして、それをもうすこし詳細にかくことにしました。

そしてそれら連載時の文から冗饒とした部分を削り、また仮名、漢字の変更も施しました。しかし、カナをおおくしたことが逆によみづらくなってしまったかもしれないコトを憂慮するものです。ご寛恕を乞うしだいです。それいがいはほぼ連載とうじのママ置いてあります。また別雑誌に連載したことにより、内容にじゃっかんの重複がみられることもおゆるしください。

さて、よんでくだされば お判りのとおり、この本の内容は南極の情報を伝えるとか、第二九次あすか隊の報告ではありません。そうではなく、南極の自然、南極の生活、また対蹠的な日本の山河にふれることによって、筆者個人のこころの裡を吐露したものにほかならないのです。

これを夢中になって執筆していた連載とうじはともかく、このようなプライベートなこころの襞を表にあらわすことに、羞恥をおぼえたまま二十数年の刻が流れました。

それがなんという繞《めぐ》りあいでしょう。まったくおもいもよらない出会いから、雄山閣の長坂氏、宮田氏のお眼にとまることになろうとは……。

出版にあたってできるかぎり写真をおおくいれていただいたのも、こんな羞恥心から韜晦《とうかい》する手だてだったのかもしれません。

しかし、いまそんな筆者のそこばくの感懐をはなれて、これらの文章がひとりだちしてゆくとき、これからは新たなきもちで、かれらを見守っていこうとかんがえています。

おことわりするまでもなく、文中の状況、数値数量ならびに年数などは、執筆とうじ一九八九年のものです。ちなみに高校生時代、径なき南会津に分け入ったのは現在（二〇一三年）からみればおよそ五十年ちかくむかしのはなしになります。

また極地研（国立極地研究所）はあのころの板橋区加賀から、そのご立川市緑町に移転しましたし、南極隕石の日本の保有数も一万七千個ほどとなりましたが、保有数世界第一位の座はくやしいけれどアメリカ合州国にゆずったときいております。

蛇足ながらつけ加えれば第二部のタイトルとなった〝南極酔いどれ船〟という識者の眉をひそめさせるようなものについては、第二部第一章の一五七頁でも弁解しているように、あくまでも筆者個人に属する表現とご理解ください。それは酔いどれ料理長がうち跨る、白い大海原を揺られ漂う小舟516号雪上車のことだったのですから。

また本文ちゅうの〝水平・拡散の世界〟と〝垂直・凝縮の世界〟についてひとこともうし述べます。お気づきのかたがおられるかもしれませんが、従来の食養※における陰陽判定基準では〝水平〟は陽〝垂直〟は陰とここでの表現と反対になります。むろんそれは判っているのですが、ここではあくまで〝水平〟は感覚的な広がりとしての拡散・エクスパンド（遠心性・陰）の世界を表現し、〝垂直〟は縦方向の圧縮・マッス（求心性・陽）の世界を表したかったことに注意してほしいのです。

塊（マッス）としての凝縮の山を冀求するひとりのオトコが、拡散の支配する大雪原に迷いこんでしまったのです。それは茫漠たる沙漠や極地の世界とかわゆい箱庭の世界（日本の山）との対比にしてもおなじココロの振れなのですから……。

※**食養**＝ここで云う〝食養〟とは明治時代初期の軍医であった石塚左玄によって提唱され、おなじく明治の生まれである桜沢如一が完成させた、わが国独自の食作法原理を指します。

※注のあつかいについて。本文中の釣り、登山、極地にかんする専門用語は、それぞれの世界に親しんでいるかたにとっては聞き慣れたことばでしょう。しかしそのような語彙にふなれなかたのために、煩瑣《はんさ》をしょうちで各章末に纏めておきました。なお南極関係の注は巻末一八三頁「あらずもがなの注」に一括してあります。

第二部　南極酔いどれ船

写真・古山勝康

第一部　白い沙漠と緑の山河

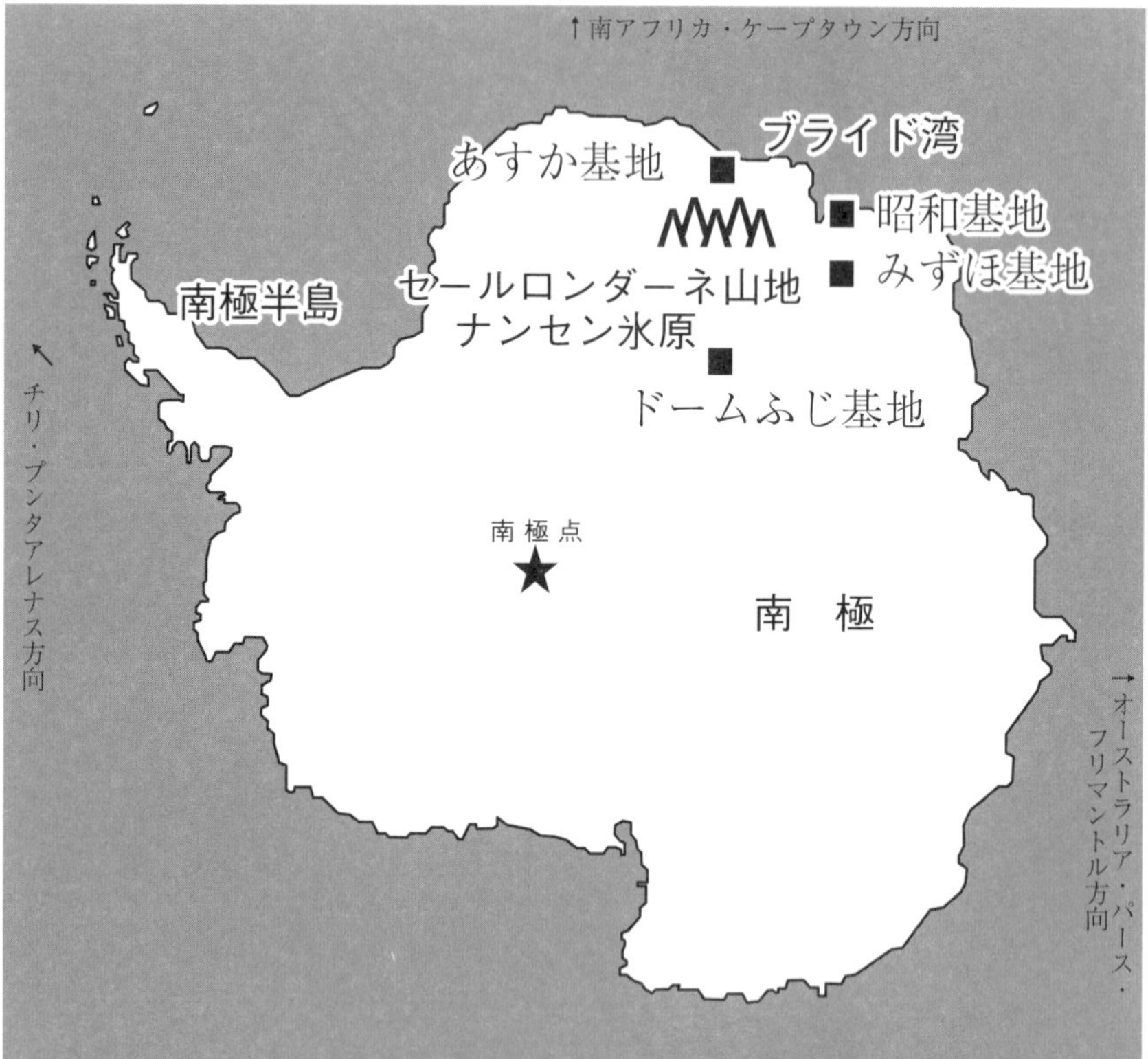

↑南アフリカ・ケープタウン方向
ブライド湾
あすか基地
昭和基地
みずほ基地
南極半島
セールロンダーネ山地
ナンセン氷原
ドームふじ基地
↖チリ・プンタアレナス方向
南極点
南　極
→オーストラリア・パース・フリマントル方向

その1・やまのぼりすと

「誰ぞ海を恋い慕いし……

変幻つねなき己が海を……
変幻きわまりなくして、しかも永久《とわ》に変わらざる己が海を
身も心も満たし尽す己が海を？
げにもそのごとく……げにもそのごとく
高地の人々は己が山々を恋い慕うよ！」
キプリング『海と山』より

【南極へ】
十二月八日　午前八時四分、南緯55度通過。船に乗るまえよりさんざん聴かされていた荒れ狂う55度。しかし心配していた揺れはまったくすくなく、インド洋より好調なくらい。このまま暴風圏通過は甘いか。午后十時四十分、氷山初視認と艦内放送あり。
十二月十日　午后四時、本格的に鳥の目視をはじめようと、トリノヴィット（双眼鏡）と望遠レンズをもって後部甲板へ。テキストは『南極海目視マニュアル・海鳥編』。

全身黒っぽい大型の海鳥とやや小型のマダラのそれがめだつ。マニュアルによれば大型のほうがノドジロクロミズナギドリ。やや小型がマダラフルマカモメ。ノドジロが十二羽、マダラが九羽といったところ。もう一種、白色で羽の先端が黒いカモメ、ギンフルマカモメ二羽。

生物の連中のはなしによれば、フリマントル出港後、アルバトロス（アホウドリ）の類もみられたという。

十二月十一日　時差また一時間遅れて、現在日本時間よりマイナス四時間。

正午十二時、ノドジロ七、八羽。マダラ一羽。はじめてコヒロハシクジラドリ一羽みつける。

午后四時、ノドジロ三、四羽。マダラ、ギンフルマなし。クジラドリ増えて八羽ほど。ここでまたはじめてミナミオオフルマカモメ一羽のみ視認する。翼開長二〇〇センチいじょうの大型海鳥。悠悠と飛翔す。おおきさからいってワタリアホウドリの幼鳥ではないとおもう。嘴の管鼻を確認ちゅう。初列風切羽基部（ことにその裏側）がやや淡色。

十二月十五日　午前六時半、「左舷前方に氷山あり」とのアナウンス。ここ数日、鳥類の目視は貧果だった。十二日にアオミズナギドリらしき鳥を二羽視認したのみ。しかし本日はなかなか賑やかで、午前十時にナンキョクフルマカモメ二十羽ほどがギンフルマ一羽とともに、左舷に附いて飛翔するのを初視認したのを手はじめに、いよいよユキドリ（スノーペトレル）をも初視認する。

左舷から船首にかけて七羽。右舷に三羽。かなりせわしく羽ばたく。全身真っ白の、ハトを少少おおきくしたようなこの愛らしい鳥は、南極のマスコットといってもよい憧れのペトレル（ウミツバメ類）だ。

セール・ロンダーネ山地の岩場にも巣掛けしているそうなので、越冬ちゅうもたびたびお目にかかれるだろう。海岸から離れて内陸にある〝あすか〟は哺乳動物のみられないところなので、このユキドリやナンキョクオオトウゾクカモメ（略してトウガモ）はわれらのよき慰めになろう。

午后四時、〝しらせ〟はパックアイス※の帯を突っ切って進みはじめる。いよいよ氷海に突入したのだ。七時、「これよりブライド湾に向けて南下す」のアナウンスあり。西航はこれまで。これで南極大陸の定着氷めがけて一直線だ。七時

夕陽に焼けるロータスアイス（蓮氷）

半、パックアイスますます密になる。アシナガコシジロウミツバメ（なんとながい名前がおおいのだ、外国の鳥の和名は。漢字でかくと足長腰白海燕となろうか）を初視認する。単独でヒラヒラと蝶のように舞いながら翔ぶ、なかなか珍しいストーム・ペトレルだそうだ。

いまごろは午后十一時に陽は沈み、午前二時にはまた昇る。夜明けがきれいだというので二時まで起きていた。明日（というより、もう今朝）は当直だというのに。その甲斐あってパックアイス（なかでもこれはロータスアイス、蓮氷《はすごおり》とよぶべきか）を染める幻想的な日没と夢のような夜明けだった。

十二月十六日　いちにち、第四船倉の積み荷の整理と個人荷物の整理に追われた。

午前十時ごろ、左舷にウェッデルアザラシの親子があらわれる。鳥類の目視はあまりおもしろくない。ユキドリとナンキョクフルマが数羽いるのみ。午后五時四十五分右舷側にはぐれのアデリーペンギンが一羽あらわれ、そののち三羽がパックアイスに乗って我われを出迎えてくれた。それにしても、昭和基地のあるオングル島周辺とちがい、ここブライド湾は動物のすくないところだ。

十二月十七日　いちにちの過ぎること早し。

ところどころ海面は開いているが、定着氷をおもわす氷を割って進む。ガリガリ、バリバリという音と細かい振動で部屋にいてもそれとわかる。午后五時三十分、「前方に南極大陸がみえてきた」の報あり。甲板にでてみる。いちめんの層積雲で天気すぐれず。しかし大陸方面は晴れているらしく、末端の棚氷※のアイスウォールが細長い帯となってうつくしく光る。このところ途絶えていた氷山も姿をみせはじめ、実感が湧いてくる。

しかし、あろうことか！いまひとつつよいインパクトに乏しい。若いうちに来るべきだったか！のおもいが裡をはしる。積年の夢か⁉

この天気じゃ部屋でアルマセニスタ（シェリー酒）とパイプ莨《たばこ》をたのしむのもわるくないな、などとおもっちゃいけない。どうかんがえてもそれは、天気のせいばかりではなさそうだった。

夜、〝昭和〟と〝あすか〟のお別れ会。そして午后八時、定着氷、ブライド湾にアンカーを打って船は止まる。もうすこし進むとおもったのに、呆気ないほどで着いてしまった。なんどかのチャージング※はご愛嬌か。

十二月十八日　午后より氷上散歩が許され、定着氷上の雪面に降りる。おもったより雪は腐り、くるぶしまでもぐる。しかし、やっと足が地につき、嬉しくなって歩き廻る。むろん動物園の猿とおなじで、範囲の決められた条件つきでネ。

雲はおおいが天気晴れ。拍子抜けするほど暖かい。艦の前方には末端に懸崖を落とした、ひくく広い南極大陸の大雪原が、遥か涯方《かなた》の極点へとつづいている。それはいってみれば極地でしか体験できない、気のとおくなるような広袤《こうぼう》のはずだった。

だが、そのうつくしく輝く棚氷をみても、涯てなく広がりつづく雪原をみはるかしても、定着氷を歩き廻ってさえ（じっさいにはまだ大陸に足を印したわけではないのだ）、湧きあがるもののすくなさに自分でも驚く。

その念いが、ここでうまれたそのちいさな蟠り《わだかま》が、一年数ヵ月の越冬ちゅう、予想いじょうに重くのしかかってこようとは……。

だがそんなおもいも、それもこれも、南極という大自然のなかで、この雄大な水平の世界がそのすべてを解消してく

あすか基地前にて。JARE 文字下遠方はあすかの山" ブラットニーパネ "

れるものと、まだこのときはおもってもいたのだ。

しかし、かんがえてもみよう。風景は風景としてみるもののまえに在るわけではない。それは自然の景観としてひととは無関係に存在するだけで、その景観を風景たらしめるのは、みるもののがわの、その景色にたいする念いなのだ。そしてまた、かなしいことに、ひとはなんにでも狎《な》れてしまえる。この"ナンキョクのケシキ"でさえも！（「田の面に夜な夜な月は映れども心とめねば影も宿さず」吉原の遊女瀬川とか）。

そうだ。「風景を風景たらしめるのは人である」という至言はここでも、この桁はずれの風景南極でもまた、正しかった……。

（洋上日記より）

パックアイスを進む"しらせ"の甲板で、あれがセール・ロンダーネだよと、遥かに霞む山並みにプリズムを手渡されたときも、艦上より南極への第一歩を定着氷に印したときも、ながいあいだ想ってきた極地に遙けくも来つるかなの感慨はあれど、自分でもそれは驚くほど地味なものだった。

基地よりそとにでてみれば、晴れてさえいれば、セルロンのやまなみはいつでも指呼の間にある（というにはすこしばかりとおいけれど）。

東はベストイェルメンから西はバムセのほうまで、むろん南極のセロトーレかフィッツロイかといわれた憧れのエギュイーユ※、バウターエンだってみえるし、"あすか"の山ブラットニーパネはいつもわれらを呼んでいる。

にもかかわらず、いまひとつこころは浮きたたなかった。夜になるとのこしてきた日本の山山へのおもいをノートにかきつけた。「三〇メートルを超すブリザードがおわることなく吹きすさぶこの極寒の地で、自分ははげしく日本の山、あの湿った北方山地を想っている」と。

ある年の五月、なつかしの会津駒ケ岳頂上からの眺望をけして忘れないだろう。嗚呼、これこそが、この箱庭的な山山こそわが山なのだ……。

むろんその頂からのながめは広びろとしていた。春霞もない皐月の空は青く澄み、遙かはるか涯方までみわたせた。しかしこのこじんまりとした、控えめなひとつひとつの山山はどうだ。あれが至仏、あれが燧、あれは荒沢、丸山岳の肩越しに朝日までみえる。指呼の間にかぞえるあの山もこのやまも、どれひとつとしてこの箱庭的世界の調和を破るものはなかった。「さあスキー着けようぜ」という友の声でこの忘我からかえるまで、飽かずこれらうつくしく可愛い山たちをみつづけていた。

ひとりの人間の裡にある対立世界。スウェン・ヘディンを読みながら、こころはあの中央亜細亜の夢に彷徨いながら、もういっぽうのココロはいつも山毛欅《ぶな》の森、黒斑《くろふ》の森を想っていた。(「夢はいつもかへっていった。山の麓のさびしい村へ」立原道造)

涯てしない広がりをもつ世界と箱庭のような限られた世界。無限への意志とちいさな完結した状況へ向かうこころ。拡散と凝縮。いつもこの両者が鬩《せめ》ぎあっていた。そして、その対立と調和にこそすべてがあると理解《わか》ってはいた。

眠りと目覚め、休息と活動、呼吸(吐く息と吸う息)、上昇と下降、女と男、陰電子と陽子、食物の陰陽。止揚を求めるこころは、ついに陰陽の世界、桜沢如一の"無双原理"までしるようになる。此処では深入りはすまい。

ブラットニーパネ。右岩峰が北峰。左奥が最高峰南峰

しかし、いつも、きまってこころのベクトルはちいさな調和美の世界に振れていた。日本の山山に還っていった。

そしていま、倖いなことに南極の峰のひとつに登ることができた。二の谷の内院からこのブラットニーパネの最高峰（これにはすこし疑問は残るが※）を見上げたとき、氷河の雪面から一〇〇〇メートルほどのその比高や、何処かでいぜん登ったことのある山に似たその風貌に、ある親しみの情の湧くのを覚えた。一瞬、大雪原とそこに聳える地の涯ての山に対峙する自分を忘れ、なつかしいものに繞《めぐ》りあったようにおもわれた。

そんな高処《たかみ》をふり仰ぐこの奥の院も、荒涼とした感がなくはなかったけれど、それよりも母の懐ふかく抱かれる安らぎをすらかんじさせるものだった。

むろんこんな甘い感傷も、烈風吹きおろす氷雪の稜線にでてみればあとかたもなく消し飛んでしまう。しかしアイゼンをつけた足の一歩いっぽが、キュッキュッと鳴る、風にも吹き消されぬ、雪面を踏みつける異様におおきなその音が、オレの山だ、オレの山だ！と叫んでいた。

みよ、いま眼前に展開しだすナンセン大氷原の広袤と峰峰の波濤を！　だがこの荒あらしい極地の景観も、いま頂に立つ自分にとって、それはいぜんのような余処よそしさよりも、はるかに親愛のおもいのほうがいや増すのだった。恥ずかしげもなく云ってしまえば、それはアルプスの初期の登山者、あのエミール・ジャベルやギド・レイの念いに一脈通ずるものであったろう。『アルピニズモ・アクロバチコ』のなかで、歳若きウゴに、いまや足の下になったその頂での倖せや山山の眺望を語るギド。

午后晩《おそ》い太陽と競走するように駆け降りて、雪上車に凭《もた》れ、友と酌み交わしたアルマセニスタは無上のものだった。盃《コップ》にのこった酒の雫はみるまに白く凍りついていった。

のちに、「四ガツ十四ヒゴゴ三ジ、ブラットニーパネサイコウホウニトチョウセリ、カゼツヨキセツリョウヨリ、セールロンダーネノキフク、ナンセンヒョウゲンノコウボウヲミハルカストキ、ハゲシクコミアゲテクルモノヲカンズ」こんなながい電報を日本の親しい山仲間に、どうしても打たずにはいられなかったココロとは……。（※ブラットニーパネには、スノードーム状の南峰と、岩峯として屹立する北峰がある。そのごの調べで二六次隊の上田《あげた》豊氏ら三人が南峰に登っていることが判り、かれらはこれを最高峰としている。今回登ったのは、地図上では三メートルほどひくい北峰）。

潺潺《せんせん》と流れる澄みきった渓。緑あふれる山毛欅の森の木ぎたち。そこに棲む鳥や魚や毛物たち。そんなものたちへの想いは、これからも自分を揺さぶりつづけることだろう。

しかし、頂をひとつあとにしたいま、南極の山はこころの一部にはっきりとした位置を占めた。ベクトルの針はあきらかにその方向をかえ、これからは多少拡散寄りをも指し示すようになるだろう。

深夜、すきなラタキアを燻らし、アルマセニスタ・シェリーのグラスを傾けながら、霏霏《ひひ》として雪積もる〝南の山〟セールロンダーネを憶うとき、〝ナンキョクのヤマノボリスト〟とよばれたいと切に希うのである。

いつのころからか、こころの裡に極地への憧れが棲みつくようになった。やまのぼりをはじめたばかりのころ読んだ、スウェン・ヘディンの伝記によるものかもしれない。

登頂を終えて。後方左が登った北峰。北面にバットレスを落とす

「将来進むべき天職を、学童時代に早くも見出す少年は幸福である。私はそういう幸運に恵まれた少年であった。すでに十二歳にして、私は前途の目標をかなりはっきりとたてていた」ではじまる『探検家としての我が生涯』のなかで、ヘディンは北東航路行を成功させて、北極海よりストックホルムに帰還した極地探検家ノルデンシェルドについて記している。凱旋将軍のように迎えいれられるこの故国スウェーデンの先輩を、少年ヘディンは異常なまでの興奮とともに丘の上よりみおろしていた。

テラ・インコグニタ、この魔法のように魅惑的なことばを中学に進むころの少年時代、なんど呟いたことだろう。"未知の地"テラ・インコグニタ、とっくに幕の降りてしまった狭い日本に、そんな地図の空白部などありえようはずもないことは、じゅうぶんすぎるほど解かっていたコトなのに、径のない山、地図の不確かな山を求めて彷徨い歩いた。少年の夢は南北両極にとどまらず、第三の極地ヒマラヤや中央亜細亜へも広がっていった。

高校山岳部の後輩であるMは岩石、地学のスペシャリストで、南極の夏を二度経験している。かれとは六年の歳のひらきがあるのだが、卒業后も切れずにいっしょにやまのぼりをつづけていた。

二十五年ほどむかし、この山岳部時代に先鞭をつけた南会津や越後の藪山に、そのごなんど伴に足をはこんだことだろう。そのころの南会津、駒・朝日山塊は一部に僅かな踏み跡が認められはしたが、登山道とよべるほどハッキリした径やガイドブックのたぐいはなにもなかった。

そこはまだ、熊や岩魚をはじめとする動物たちの別天地で、くるしい藪漕ぎのすえ到達する尾根上の池塘は、まさに〝山上の楽園〟そのものだった。五万図のあきらかな間違いを正したり、尾根をはずれた未踏の池塘にかってに仲間の名をつけてよんだり、振りかえってみれば重箱の隅をつつくような、そんなしがないやまのぼりが、そのころの若く稚拙なものらにとって無上のよろこびだった。

夢中になってかよった愛する南会津も拓けゆくのは時代の趨勢。追われる熊のように北にむかった。

それから、途上幾つもいくつも寄りみちをしながら、おしまいに辿り着いたのは、本州の北の端に位置する白神山地だった。それはあの悪名たかき秋田県側の皆伐のはじまるいぜんのことで、ようやくここに安住の地を見いだしえたかにおもえた。しかし数年を経ずして、森にチェーンソーの動力は響きわたり、仲間とともに追いつめられた熊のように県境を越えた。

青森県側白神山地は千古不伐の山毛欅の原生林が鬱蒼としたしじまをつくっていた。そこでようやくおおきな溜め息をついたのもつかのま、またも数年をへずして林道のどんづまりに、こんどはブルドーザやバックフォーならぬおおくの自家用車をみるに至る。こんどは津軽海峡を越えよというのか……。

そんな隙間をぬって、懲りもせず山にむかった。Mといっしょにたびたび渓水の畔に焚き火を囲んだ。

そのときも山岳部の元顧問で敬愛するS先生を誘って、白神山地北面、追良瀬川源流の逆川にキャンプし、Mと先生と、やはりいつものように焚き火のかたわらで酒を飲んでいた。

夕方、毛鉤で釣ったおおきさもころあいの岩魚が、榾柮火《ほだび》の遠火にかざしてある。頭をしたにして熊笹に刺した岩魚から、たえまない沢音の合間に脂がジュッと音をたてて熱い灰のうえに滴り落ちる。苦労して担ぎあげた生一本の地元の旨酒は、こんな夜のまたとない友だ。

酔いがまわるにつれ、Mとのはなしはいつも南極へ還っていく。〝石や〟のMは雪のないときしか用がないからいつも夏隊。こちらが運よく行ければ仕事柄とうぜん越冬。いつかいっしょに越冬したいものだというのが、酔っぱらったすえのいつものきまり文句だった。

榾柮火のせいかお神酒のせいか、顔を赫くしたMがこんなことを云う。「そろそろ年貢の納め時だネ。行くんなら四十前ですヨ」。なおもひとのココロを見透かすように、次隊第二九次隊の総隊長はかれの大学の大先輩でしかも山岳部の先輩でもあるという。歳からいえばもうタイムリミットはちかい。ラストチャンスかもしれない。

南極観測も三十年からの永きにわたってつづけられていると、初期のころの探検色濃き時代はとおく去り、昭和基地などその設備からいっても、日本で住むわがボロ家よりよっぽど住みよいくらいだ。もう旧式の山やのはいりこむ隙も興味も薄い。

しかし、この秋のおわり十一月には、わが国第三番目の〝あすか〟と名づけられた基地に初越冬する隊員を乗せて、〝しらせ〟が晴海埠頭を出港するという。

〝あすか〟（この時点ではまだ観測拠点だった）は昭和基地から七〇〇キロメートルほど離れて、しかも一五〇キロからの内陸に位置する。その内陸には魅力的な山山を抱えたセール・ロンダーネ山地があり、〝あすか〟はその調査研究のために発足したのだ。

そこにはブラットニーパネ、ニルスラルセンはじめ〝山や〟垂涎の秀麗な峰峰や、バウターエン、トールネなどの〝岩のぼり〟が涙を流すような突兀《とっこつ》とした岩峯が聳える。

そして、山脈の南側には、ナンセン氷原とよばれる未踏の大裸氷帯※が広がり、この周辺は地球上にのこされた数すくないテラ・インコグニタ（未知の地）としてあるという。

雪上車は揺れにゆれるが、このサスツルギではまだカワイイほうだ

Mのこの誘いは強烈だった。押し殺し、押さえつけていたものが、いっきに、沸騰せんばかりに押し寄せた。そしてこころは揺れ騒いだ。

あの夏から一年半ほどが経っていた。六月には極地研（国立極地研究所）入りをすませ、七月いっ日《び》には文部大臣から正式の辞令がおりていた。そしてもう秋もおわりにちかい十一月十四日、さいごの積み荷のひとケースを、晴海出港当日、見送りの人びとでごった返すしらせ甲板で受け取ってホッとするのもつかのま、家族はじめおおぜいの知り合い、友人、親戚のひとたちに囲まれる。

しんみりとしている上の娘とははんたいに、三歳になる下の娘はじゃれついている。南極の意味も別れのいみも判らぬのだろうからしかたあるまいが、一年半ののちに帰ったときはかの女にとってヨソのオヂサンか。

おきまりの別れのセレモニーとともに、こちらはなにかしんみりとはせぬ、落ちつかぬおもいをのこして、一九八七年十一月十四日の昼ちかく、南極観測船しらせは雲の重い東京湾晴海埠頭をあとにした。空にはたくさんの報道のヘリコプターが、その雲を蹴散らすように爆音を上げていた。

その2・裸氷帯を征《い》く

「まいにち、親しいものの夢をみる。それはひとばかりとはかぎらない。
きょうも裸氷《らひょう》のマウンドにあがると、涯方《かなた》にビーデレー山が夢のように浮かんでいた。
山のうえの空には刷毛で掃いたような絹雲が、なつかしくも親しいものだった。
それだけが極地の夢というより、いつかみたことのある日本の空のやさしさだった」

（一九八八年十二月十一日。ナンセン氷原の裸氷帯にて。越冬日記より）

もちろん、日本の緑の山を緑の川辺を憶い懐かしんで、まいにち恋恋とばかりしていたワケではなかったのだ。

第二九次あすか隊の南極越冬さいごの旅行、第V期の二ヵ月半におよんだセールロンダーネ山地一周の遠征は、そのセルロンの南側（極点側）に広がる〝ナンセン氷原〟の大裸氷帯（その一枚を探査するのに、ひと月ちかくを要する広大さだ）の大部分がいまだ〝テラ・インコグニタ（未知未踏の地）〟であった。それがわが〝山ごころ〟を激しく揺さぶっていた。

南極はいうにおよばず、地球ぜんたいを見渡してみても、〝地図の空白部〟とよべる処は驚くほどすくなくなってしまった。その空白部の探査に参加することができる！　これが、やまのぼりである自分にとって、かえがたい魅惑だったのはいうまでもない。

ナントカと山やとパイプの烟《けむり》はたかいところに昇りたがるにもかかわらず、この水平・拡散の世界、白い沙漠はながいあいだわが念いを魅きつけてやまなかった。

水平・拡散の世界と垂直・凝縮の世界〔山はヒマラヤのようなジャイアンツでさえ、その巨大さにも拘わらずやはり〝マッス〟(塊り)としての凝縮の世界だとおもうのだ〕、わが裡にあって、いつもその両極のあいだを振られつづけるこのふたつの世界への念いに、なんらかの答えが用意されていはしまいか……。

第二九次南極地域観測隊・あすか基地越冬隊のメイン・オペレーションは、このセルロンの南に広がる未踏の裸氷帯で〝隕石〟の探査・採集をおこなうことだった。

隕石についてすこし記してみよう。

この宇宙起源の岩石のたいはんは、南極大陸から発見されている。それも主として大陸外縁部に散在する裸氷帯からその大部分がみつかっており、しかもある特定の場所に偏在するという特異性をもつ。

起源四六億年というタイムスケールをもつこの隕石を詳しく化学分析することにより、宇宙の起源、地球の起源の謎に逼《せま》る有力な手懸かりとすることができる。

またある種の隕石には水分とともに、生命にちかい型のアミノ酸が含有されているといわれ、これは地球上の生命の起源の解明に寄与することは疑いなく、いま世界的に注目されている。ちなみにこの種の隕石の発見は、いわゆる〝オゾンホール〟とともに日本隊の発見をその嚆矢《こうし》とする。それは報道されているようなアメリカが初ではけしてない。

宇宙から地球に飛来した隕石は、南極の雪氷上に衝突し、そのなかに取りこまれると、南極の極低温の環境や氷に保護されて、そのほんらいの性質を長期間よく保つ。

なぜ南極地域に隕石がおおくみつかるのか。またどうして特定の場所に偏在するのか。この集積機構の解明と〝南極隕石〟の採集が、こんかいの〝あすか隊〟に課せられた使命なのだ。

これら世界の南極隕石の六割いじょうを日本が保有し、その数およそ一万個。そしてこの南極隕石発見の立役者がわれら二九次あすか隊の越冬隊長である矢内桂三。世界的な隕石学者であり、もっともおおく南極を経験した日本人のひとりでもある。

こんかいの二九次隕石隊の収穫はといえば、〝ユレイライト〟〝ユークライト〟〝火星起源の隕石〟などの貴重隕石、そして約四七キログラムの大隕石などを含め二千個余り。あの不幸なクレバス転落事故さえなかったら、セルロン東側のバルヒェン地域の探査もとうぜん実行されて、またその数は増えたことだろう。

さて、南極へゆきたい、と手を挙げたころのことを振りかえってみたい。

年が明けて一九八七年、出発の年の一月になると隊員候補の内定があり、三月には健康診断をまたずして、長野県の乗鞍岳で冬山訓練がおこなわれた。

こんかいは例年とことなり、稜線にあがっての位ヶ原周辺での訓練を割愛し、番所や鈴蘭小屋の附近で雪上車やスノーモビルの運用を中心に行動することになった。

むろん幕営やスキーは例年のごとくこなしたが、ことしは特別チームとして、あすか越冬とあすか周辺で探査をおこなう夏隊のメンバーを中心に、〝あすかスペシャル〟なるプログラムを編成し、いちにちザイルワークやアイゼン・ピッケルワークを重点的に練習することになった。

隊員のなかでは冬山や岩登りをこなす数すくない現役の山やとして、講師陣のほうに加わることを要請された。

南極遠征も三十年からのながきにわたってつづけられていると、初期のころの探検色濃き時代はとおく去ったかにみえ、げんざいは隊員が山やで固められることもなく、ぎゃくにピッケルなどの山道具にはじめて触れる人間が多勢を占めることになる。

南極という特殊な環境での越冬を三十数年もつづけていれば、とうぜん極地に於けるサバイバル論も確立されていることはいうまでもない。

たとえば国立極地研究所（南極観測隊編成の中心）の所長（当時）松田達郎氏による隊員向けの小冊子『南極生活にお

けるサバイバル』は、要領よくこの問題を解説しているし、おなじく松田氏の筆になる『南極観測と人』は、そのなかでもとくに南極生活に於ける人間関係について詳しい。

数おおく出版されている南極関係の本にも、むろんこの問題について触れているものはおおい。したがって南極一年生が、この事柄についてしったようなコトを喋喋とするのは、僭越もはなはだしく滑稽ですらあろう。しかし倖いなことに、こんにちまでながいあいだ山のぼりには親しんできたし、げんざいも相かわらず雪や岩と切れずにいるものである。

松田氏はさきの著作のなかで、南極越冬隊の生活のサバイバルはつぎの三つの観点に要約できると述べておられる。すなわち、①南極環境において生き残るために人びとの生理とそれに対応しての適応行動についてかんがえる。②南極での特有の疾病、事故にたいしては、どのように対応し処置し生き残るかをかんがえる。③隔絶された南極の越冬小集団社会ではあるが、通信等により常に国際社会とつよい絆で結ばれて生きている（主として国際的救難対策について）のいじょう三点。

これらのそれぞれの細目については、教えられることがきわめておおいのだが、そのなかで内陸旅行に於ける先導者（山でいうサブリーダーにちかいか）の資格と任務、風冷え効果（ウインド・チル現象）について、凍傷について、服装・装備について、ロスト・ポジションについて、身体的事故についてなどは、かなりのていどまで山の経験でカバーできるものとおもわれる。

いっぽう、南極とくゆうの状況への適応（たとえば海氷上を歩く、広大な白い大陸を雪上車で行動する等等）や特殊な機械、工具・道具などの使いこなし（南極では専門家もむろんいるとはいえ、すべての建築物や設備を造るのは、隊員全員のしごとなのだ）、また特殊車両の運転（雪上車はじめ、スノーモビル、ブルドーザ、バックフォー等等）などは現地でよく慣れることがなによりたいせつなことだ。習うより慣れよだ。

我われ二九次あすか隊も十人の隊員のうち越冬隊長を除けば、こちらをいれて山やはたったふたりだった。設備の整った〝昭和〟なら、それも基地からソトへでるひつようのない隊員ならば、あるいはそれですむこともあろう。まったく昭和基地は日本のわがボロ家などよりもよっぽど快適なのだ。

けつろんをさきに述べてしまえば、南極という処はもうすまでもなく、基地をいっぽ離れれば（これは昭和とておなじこと）、ヒドンクレバス※やブリザードをはじめとして未知の厳しい自然環境が罠をもうけて待ちうけており、したがってそのための準備や用心というものは、しすぎるに如《し》くはないとおもう。

内陸旅行のおおい隊は十人のうちさいてい三人、できうればその半数は山の経験者をいれたいものだし、そのうちのなん人かはたんなるピッケルワークなどだけではなしに、たとえばクレバスの底から怪我人を救出できるだけの、特殊なノウハウのレスキュー技術を会得していたい。

冬山訓練もそのためだけの時間をもっとおおくとるひつようがあるとおもうし、じっさい半日やそこらで覚えたロープの結び方など、ふだんつかう機会がなければすぐに忘れてしまい、現場でいざつかうときには、もっともかんたんなひとつふたつの結び方さえすぐには憶いだせないものだ。

こういった訓練のほかに、いってみれば体躯だけが資本の南極に健康診断も必須。隊員決定のさいにも肉体、精神両面にわたり、かなりみっちりとやられる。

ロールシャッハテストなどは簡単明瞭に答え、なにひとつよけいなことを云わぬがコツ、などとおしえてくれる先輩がいる。ちいさなインクのシミひとつに三十分も物語をつくって、候補からはずされたひとも過去にはあったそうな。用心用心。

身体には自信があったが、町場の食堂のおやぢなど、とかくオヤヂ天下でまいにちを暮らしているものだから、極地の厳しい環境、それも〝あすか〟のばあい男十人で一年いじょうもいっしょにいるという状況は、皆との協調のうえで、まったくのところ覚束なかった。

南極の越冬では隊長は父であり調理担当は母だという。

そんなご大層な役はとても務まりそうになかったが、せめてほかの隊員の足をひっぱることだけは気をつけようとおもっていた。

いま憶いかえしてみると、どこまで実行できたかははなはだ心許《こころもと》ない。まあそこは山や一流の極楽トンボぶりから、それについては現場なりになんとかなるだろうと、ふかくは気にせずにやっていくことにした。

そんな波瀾の検査がすむと、六月のおわりには数日間の夏合宿が、やはり長野県の菅平で実施される。これは山の訓練というよりも、南極の情報を中心としたオリエンテーションだ。

七月一日には文部大臣より辞令がおりて、正式に隊員がきまる。

それから十一月十四日の晴海出港まで、板橋区加賀にある〝国立極地研究所〟へ詰めて、隊員たちはそれぞれの準備に没頭するわけだ。

こちらのように民間からきたものも、臨時枠の国家公務員として採用され、その役職名はなんと文部技官だ。もっとも〝あすか〟のばあい、調理担当としての枠がとれなくて、設営一般という肩書きで南極へいくことになったのだが。

第二九次あすか隊の〝旅行〟は第Ⅰ期から第Ⅴ期までの五回にわたる探査旅行と、三、四日の小旅行が数回予定されていた。

それはみじかいもので約ひと月。長期の第Ⅴ期は三ヵ月弱にもなるものだった。一年と二ヵ月あまりの越冬全期間の約半分をこの旅行にあてるということになる。

もちろん太陽の昇らぬ暗闇の冬期間の二ヵ月とその前後は、条件のあまりの厳しさゆえに旅行もままならないのだから、とうぜんそれは夏期間に集中することになる。それら夏の日びでもブリザードやホワイトアウトの日もおおく、気温もマイナス40℃ちかくになることすらあるのだ。そして後述するようにその探査は身体を曝したスノーモビルをつかっておこなわれることになる。

なかでも冬前の第Ⅲ期と冬明けの第Ⅳ期は、つらい旅になるのがめにみえていた。

そんなわけで、夏のあいだは基地保守のための数人を残して、十人の隊員の半数いじょうが、とっかえひっかえ基地を留守にして旅行にでかけることになる。

だから一年あまりの南極ぐらしは、〝夏の戸外活動〟（探査旅行だけでなく基地まわりの外作業もおおい）と〝冬の室内生活〟のふたつに、おおきくわけることができる。

生活のパターンも、体調も、精神的な面においても、この活動のちがいにおおきく影響をうけるのだ。

南極内陸高地の旅はそれが夏のあいだなら、気温はマイナス30℃台とひくくきびしいけれど、お陽様はいつも頭上ひくくに輝いているし（真夏といえど南中高度はたかくない）、風のない穏やかな日など、旅の垢を落とすため褌一丁で太陽に与《あず》かれる日もないわけじゃない。

もちろんそれは、そとで仕事のできる天気のよい日のことで、いちどブリザードに見舞われれば、終日台風なみの風雪が吹き荒れ、それが一週間いじょうつづくことはまったく珍しいことではない。しかも、通常風速三〜四〇メートルにもなる南極のブリは、日本の冬山の風雪とはちがって〝息〟をつかないのだ。

天気がひかくてき安定し気温もあがる夏季でさえこのありさまなのだから、九月、十月からの冬明けの内陸旅行、わけても標高三〇〇〇メートルを超す、セールロンダーネ南側の裸氷帯の探査のきびしさは想像していただけよう。

最終第Ⅴ期の前哨戦ともいえる、冬明け第Ⅳ期一ヵ月間の酷しかった旅がまさにこのケースだった。

ところで、裸氷上の隕石探査の方法はふつう、一台の方位を決めるための先導の雪上車の横に五〇メートル間隔で五台前後のスノーモビル※がならぶ。そして方位を決定した雪上車に従って、いっせいに裸氷のはずれまで移動する。

これを繰りかえして、一枚の裸氷をシラミツブシに探査する。おおきな裸氷（なかには東京都の二倍ほどの面積の裸氷もあるという）になるとひと月ちかくもかかるのだ。この方式は日本隊独特のもののようで、よって日本隊の探査した

輝く裸氷。極南の低い太陽によって裸氷は様ざまに表情を変える

あとにはペンペン草も生えないなどと蔭口をたたかれる。

安全さえ確認できれば（それに裸氷上にはおおきなクレバスはすくなく、もしあっても完全なヒドンクレバスにはなりにくく、よく注意していればそれとすぐにわかる）、そしてつよいブリが吹いてさえいなければ探査をつづけることがおおいから、ちょっと油断するとたちまち顔面と手指のさきが凍傷にやられる。

もっとも朝から視程が悪ければ、能率があがらないから探査はやらない。なんといっても隕石はちいさいものがおおいから。五〇キログラムもある大物（釣ったときの気分はカクベツだ）もあるが、小指のツメほどの小物もまたおおいのだ。しかし真っ白な氷上にまっ黒な隕石はそんな小粒でもじつによくめだつ。

その隕石を採集するときには、チャック附きのちいさなテフロン袋にいれるため、やむなく手袋をはずす。隕石シャワーにでもであって大収穫のときはタマラナイ。そんなときフトコロや手袋にいれたホカロンはなんともありがたい。

顔面は二重の目出帽に羽毛服のフード、そのうえにまたコヨーテの毛皮附きの特製ヤッケのフードを被る。

目と鼻と頬はゴーグルとフェイスマスクだ。むろんそれだけでは寒いから、みな体験から編みだした詰め物をいれる。フェイスマスクとフードの合わせ目にはみな苦労したようだ。ここから吹きこむ風に顔面はもっともやられやすい。

それでも若い隊員は、鼻から頬から凍傷でまっ黒にしながら（さいわい凍傷2度いじょうにはならなかったようだ）、マイナス30℃いかの気温（むろん体感温度はもっとひくいはず）のなかをいちにちぢゅう、朝から夕刻まで、ひと月でもふた月でも駆けまわるのだ。なかにはスノモの距離計を五〇〇〇キロまで回した豪の者のいたことは、南極史上のひとつの記録としてのころう。

さて、いっぽ基地をあとにして、そんな未踏の地《テラ・インコグニタ》を彷徨う行動は、名こそ仮に〝旅行〟とよんではいるものの、それは英語でいう〝エクスプロレーション〟（探検）そのものといってよかろう。クレバス帯やブリザード、ロストポジションや車両の故障などなど、サポートや救援のむずかしいそんな状況が、極地の行動にはつねにつき纏うのだから。

わが国では〝遠征〟とか〝探検〟というコトバをつかいたがらないことは、官僚主義的色彩、あるいは権威主義的なそれとの絡みで、いぜんより指摘されてはきた。そういったことばは、子供っぽく、気恥ずかしいものとおもわれてきたのだ。

しかし海外むけの日本隊の名称である〝JAPANESE ANTARCTIC RESEARCH EXPEDITION〟（略して〝JARE〟）のエクスペディションという文字には、探検・遠征の意味こそあれ、そしてあたまに〝調査・研究〟のことばが乗っているとはいえ、それをぜんたいとして〝日本南極地域観測隊〟とするのは少少の無理があるようだ。これはなにも言葉尻をつかんで、あげつらっているワケじゃない。

南極観測を三十年もやっていると、遠征隊のなかに〝山や〟などは数えるほどしかみあたらなくなってしまった。

しかしいま、南極を体験してきて実感としておもうのだ。

これだけながいこと南極の生活や越冬をつづけてくると、いまや南極で一年いじょう暮らすことなど、あるいみではまったく容易なことになってしまった。南極生活のノウハウはだいぶぶん確立されてしまったのだ。こうなると〝サバイバル〟のという語すら気恥ずかしい。じっさい、内陸旅行がすくなく基地周辺での観測がおおい隊は、快適な基地に守られて、エクスペディションなど意識することもすくなかろう。

だからいま、四半世紀もむかしの、南極遠征は探険か観測かなどという議論を蒸しかえすのは、まったくのナンセンス、時代錯誤とみられよう。

そんな黴の生えたアナクロニズムのはなしなどそっちのけで、これからも南極観測はつづけられていくかにみえる。

だが、〝セルロンの南〟、ナンセンの未踏の大裸氷帯を征くわが二九次隕石隊の隊員たちが、そんなことを意識していたか否かにかかわらず、やはりその行為は探検そのものだったとおもうのだ。

「元来挑戦といい、闘争といい、征服というも、結局は山という自然に対する人間の気持ちの投影に過ぎないのだとしてみれば……」尾崎喜八

その3・ウン石のはなし

のっけから尾篭なはなしで恐縮だが、みなさんは風のつよい原野や尾根上でしゃがむとき、風上に顔をむけて尻を捲くるだろうか、それとも風下にむけて致すのだろうか。

むろん、それはひとによって様ざまなものかもしれないが（なかなか拝見するチャンスはない。しかし南極ではおおくの事例を観察できた。この蓄積を薀蓄《ウンチク》という）、のちに述べる日本人の習性からくるのか、たんに風に顔をまともに曝すのが不快なのか、おおかたは風下に顔をむけるのではありませんか。

それでこのときも、やはりおおかたの事例に倣い、風上に尻を突きだしてしゃがんでいた。

ここ数日来天気がよく（あいかわらず風はつよかったが）、隕石には不作の日がつづいていたので、裸氷上の移動を繰りかえしていた。

そのためもあってこれも習い性、下腹には不要のものを溜めにためこんでいた。だれだって吹きっ曝しの裸氷上で用をたすのは、できることならご遠慮もうしあげたいのだ。

まっ平らにみえる裸氷でも、跨ぐのに恰好のクレバスがあったり、潜りこむのにちょうどよいウインドスクープ※があったり、マウンド（盛りあがった裸氷の丘）のうえにも、たいてい翳になる瘤瘤が列なってあるものだが、運わるく、ちょうど催したこのときは、ほんとうになにもない裸氷のうえだった。

ふつうは隊列を組んで碁盤割りに探査するのだが、このときは所謂フリースタイルで、各人すきなように裸氷上を彷徨っていた。そこは一段あがったマウンドのうえで、やはり隕石はすくなく、すこしばかり退屈しはじめていた。

茫漠とした大裸氷の涯方には、薔薇いろのビーデレー山が夢のように浮かんでいたし、極点方向もこれまたとりとめもない広袤《こうぼう》が涯てなくつづいているのが見渡せる、眺望のよい処だった。

風はつよく、むろん気温もひくかったが、さいわいぐるりめの届くかぎりに人影はない。

意を決して五枚ほど重ね着した下をいっきに脱ぎおろす。

しゃがみこんだ刹那（この一気呵成の仕事ぶりが極地の用足しの極意なのだ）、わが分身はこれまたいっきに氷上に落下しとぐろを巻くとおもいきや、あら不思議、南方極点に尻をむけ、北方ビーデレー山にめを遣っていたその視野の片端を、なにやら黒い物体がカラカラと音をたてながら（たぶんそんな音だったろう。じっさいには四重にフードや目出帽を被っている耳には聴こえようハズがない）、疾風のごとく飛び去っていった。

むろん股のあいだにはまっ白な氷があるだけ。氷面にはかすりもしない。あれはまさに、わが分身が風に乗ってご旅行あそばしたというわけだ。

だがこれが風上に顔をむけていたのでは見ることかなわぬ。たまたま、つい日本人の癖で（セルロンの山山がよき眺めだったとはいえ）風下をむいていたのだが、しかし、極地の（あるいは強風下の）用足しの作法としては、これではまだまだ修行がたりない。じつはどんなに風がつよくとも（いや強ければつよいほど）、顔はただしく風上にむけてしゃがむのがよろしい。

かんがえてもみたまえ。当方のように紙もいらぬ上質の雲古を製造できる（常にとはまいらぬが）人物ならいざしらず、そのたびに締りのないやつを放出する輩は、風下に顔をむけたら悲惨このうえないことになる。

膝からしたはカレーライスをぶち撒いたよう、風でも巻いていればその被害は顔にまで及ぶ。これでは着替えがいくらあっても足りるものではない。

それでも小のほうは（大も小も瞬時に凍るから）衣服を叩けばパラパラと落下し、あとにはなにも残らない。

ただし大のほうはこううまくはいかない。水分は瞬くまに凍るのだが、固形分はしつこく繊維のなかまで滲みとおる

（すごい物理だ！）。そのときはよいのだが、このママ暖かな幌カブ※にはいってこられては堪らない。

たいていの隊員はこの洗礼の経験者だ。だがかれらも猿じゃないのだから、いちどやればすぐ懲りてただしく顔を風上にむけて致すようになる。

この裸氷上を彷徨い、あるいは放置された雲古たちが、いつのまにか隕石に変わる。これは南極の不思議のひとつだ。貴重な隕石に変化したこの黒い物体を称して“ウン石”という。

南極隕石はふつう、そのたいはんが裸氷のうえでみつかる。だから我われは裸氷裸氷とめの色をかえる。

まっ黒なフュージョンクラスト（地球突入時に焼けた外皮）に覆われた隕石は、たとえそれが小指のツメほどのものでも、まっ白な氷上ではたいへんによくめだつ。

モレーン（風や氷河の流れなどにより運搬されて集積した岩石崩壊物質。南極のばあい、ふつうは山裾からある巾をもって“天橋立”のように延びる）のなかから発見されることもないわけではないが、なにもない裸氷上からみつかるモノは、あればそれはほぼ百パーセント隕石だ。しかし稀に山脈から離れた裸氷上にとつぜんモレーンが出現することがある。これも南極の不思議のひとつだ。このばあいはたいへんに紛らわしい。

そこで“ウン石”が登場する。

これくらいのおおきさともなると、隕石としては大物の部類だ。遠目にそれを発見したときのよろこびを想像してみて戴きたい。しかし、よろこび勇んでちかづいてみれば、これが隕石ならぬフライングダッチマン（彷徨えるオランダ人）、あろうことかウン石だったとき！

それがもし自身の分身ならば、落胆とともに仄かななつかしさをかんじもしよう。いちどはわが体内を通過した愛《う》いヤツなのだ。

しかしこれがまったくの赤の他人、己が門を痛めもせぬ見しらぬ奴だったときは、失望をとおり越して、その憤懣遣るかたなきおもいは言語を絶する。ましてやそれがユル糞で、そのこんもりとした堆積のうえに、白い紙など靡《なび》かせて凍りついていたとしたら。まるでそれでは白旗揚げて降参の図ではないか。

いうまでもなく、いちど体外へ排出されれば、硬も軟も瞬時に凍結し、たちまち黒化して、かなりちか寄らないことには隕石と区別はつかない。これが裸氷帯の謎、ウン石のはなしである。


もうしばらく下卑《げび》たはなしにオツキアイねがいたい。

旅行ちゅうブリザードやホワイトアウトに遭遇すれば、むろん停滞を余儀なくされる。それが一週間も十日もつづくことにはいぜん触れた。

地吹雪ともなればとうぜん風はつよい（だから停滞したのだから）。ウインド・チル現象で体感温度もぐんぐんさがる。こうなればもう、だれだって外には出ずにすむならそうしたい。

しぜんと幌カブ内の住人はふた手にわかれる。じっと耐え忍ぶ奴と堪え性《こらしょう》のないヤツとだ。三日、四日と我慢大会をはじめた連中（高田直樹氏の表現をお借りすれば、大の人物が〝キジタメンコ・ウンコビッチ氏〟、小のほうが〝ゴキジタメンコ・シャーチンスキー氏〟ということになる）をしりめに、締りのない奴らは猛吹雪のなかを飛びだし、雪まみれになってすませてくることになる。

キャンプ体勢にはいると、風むきやそのほかの理由から、おのずと雪上車や橇《そり》の配置はきまってくる。橇は繋いだまま風上四五度に斜交《はすか》いに置き一直線に列《な》らべる。

橇から離した雪上車は風むきの方角とは直角にする。幌カブは電源をとるひつようがあるため雪上車のすぐとなりだ。橇を四五度に置くのはドリフト（ブリのはこんできた雪の溜り）対策なのだが、それでもすぐに風下側に雪は溜まる。この翳が絶好のキジ場なのだ。風避けにはなるし、みなのいる幌カブや雪上車からはとおいし……。

このドリフトを掘って致すのだが、あまり橇にちかづきすぎると、風が巻いているから注意がひつよう。また沈澱をはじめて数日たったころからも気をつけなくてはいけない。だれでもこんな日には、なるたけちかくですませたいのは

我らが幌カブ。探査旅行ちゅう唯一の憩いの場処

人情であるから、幌カブからいちばんちかくの橇の裏側は、れいの黄色いヤツで足の踏み場もないといったありさま。ぐあいのわるいことに（あるいはよいことに？）、たちまちのうちにドリフトが証拠を湮滅《いんめつ》してくれる。

雪が保護してくれるため、すぐには凍らないし色もそのまま。いっけんふつうの雪附きだから、ウッカリ踏みこんだ奴は悲惨だ。

もっともこの悲劇に遭うのは、なん日も耐えていた殊勝な人物におおい。とうぜん最新情報はご存じないし、だいいち切羽詰っているのだから、ご愁傷さまとしかいいようがない。

この悲劇をみるにみかねた設営は、第V期旅行から沈澱時には便所を作成することにした。裸氷上にチェーンソーで便壷を掘り、雪がはいりこまぬよう板で蓋をする。その前面には単管パイプを三角に立て、そこに防風ネットを張って風を逃がす。

野外のこととて寒さはあい変らずだが、黄色いモノに塗《まみ》れることはなくなった。

造る場処は風避け効果をきたいして幌カブのすぐ下手。だから幌カブのアクリルの小窓からは一部始終がまるみえ。サランの防風ネットはシースルーなのだ！

おもしろいことを発見した。

裸氷上で風下に顔をむけたように、はじめのうちは後向きで用を足すものがおおかった。

わが日本国は〝恥の文化〟の国。雪隠も尻を扉のほうにむけて屈むようにできている。たいして西欧の国ぐには元来めっぽう剣呑な土地。いつ敵に寝込みを襲われるかわからない。どうように用を足すときも無防備な姿勢を強いられる。扉に顔をむけて座る所以である。

だから最初のうちは対象物（裸氷上では風）から顔を背けて座したけれど、強風下でのキジ打ちがしぜんにできるようになるにつれ、みなへいきで幌カブのほうをむいて致すようになったものだ。


上品な話題がつづいたついでに、もうすこしご辛抱ねがいたい。

南極の夏でも、なんにちもない暖かな日。それでも内陸旅行ちゅうはマイナス10℃になればよいほうなのだが、ふだんがマイナス30℃にちかいのだから、おなじマイナスのなかの変化とはいえ、10度か15度気温があがっただけで、とても温かくかんずるものだ。

そんな日は雪上車の後部扉を開放し、夕刻のまだたかい太陽を（絶対高度はむろんひくいのだが）燦燦《さんさん》と浴びて、勇躍、褌《ふんどし》一丁になる。

この褌というやつ、南極の、ことに旅行ちゅうはたいへん重宝したものだ。それは越冬ちゅうの冬籠りのあいだのお針子仕事の作品だ。中学生時代の家庭科の授業をおもいだしながら、晒し木綿で自作したのだ。しかし日本で恋人や女房につくらせたヤツのほうがもっとよいのは論を俟《ま》たない。

旅行ちゅうはとうぜん洗濯などできるわけがないから、下着は基本的には使い捨てだ（持ち帰る奴はいたのかな？）。重宝したというのはそんな意味ではなしに、幾重にも重ね着した衣類を脱がずとも、褌ならば何処でも替えることができるということだ。このへんはふだん愛用なさっているかたに説明の要はないだろう。

すこし慣れてくれば、シュラフのなかでとり替えることもかんたんなことだ。蛇足ながら山やの修行のひとつに、羽毛服まで着た冬山完全装備を、すばやくシュラフのなかで脱ぎ着するというのがある。

ともかく、褌一丁になれるような幸福な日は、めったにないということだ。

さて脱ぎすてた衣類はながい旅行で溜まった垢たたきだ。風呂にはいれるわけじゃないから、旅行ちゅうはもっぱら〝アメジスト〟（ベビー用消毒綿）とスプレー入りの皮膚清浄剤のおせわになる。

だからといって新陳代謝は止められない。さいわいなことに南極は低温で乾燥していて、いわずもがな空気はきわめて清浄。この細かいサラサラとした粉末は、あまりきたないとはおもわれない。

サッパリとした気分で下半身を寝袋に突っこみ、斜めに射しこむお陽さまの暖かさに感謝しながら、チビリチビリとコンク・ウイスキー※を舐める。

だい好きなバルカンの№759ミクスチュア※は、こんなときのまたとない友だ。低温で乾燥していることは、クールスモーキングの要諦。南極ほど莨の旨い処をしらない。開け放したドアから、ゆっくりと燻《くゆ》らすバルカンの〝黒〟の紫煙が、風もない裸氷上の大気へと棚引き流れてゆく。

それをめで追いながら、また少少甘濃いコンクをチクと啜る。


いま日本のわが家で、〝あすか〟の大写しになった十二月のカレンダーをみている。一年ちかくを暮らしたその建物は、なかばまで雪に埋もれてみえる。

それがさいごの旅行に基地を出立するときには、建物自身の重みとブリザードによるドリフトのためにもう屋根まで沈んで、風上側のいちぶがわずかにオレンジ色を覗かせるだけになってしまった。そして我ら二九次あすか隊にとって、それが基地のみおさめになろうとは。

白い山高帽インマルサット・アンテナ。これのお蔭で家族とも話せる！

最終第Ⅴ期の旅行も、セルロン一周ののち基地に戻ってくるはずになっていた。それがあの突発的なクレバス事故により、余儀ないピックアップになってしまったのだ。

とおくにはその、なつかしささえ覚えるセルロンの山山が、薔薇いろに染まってみえる。まっ青な空には積雲の白がめに痛い。

インマルサット（衛星通信用）のアンテナもみえる。黒ではなくて真白に塗られた、山高帽のような奇妙な格好だ。

このアンテナのおかげで越冬ちゅうはずいぶんうれしかったな。こちらからは交換を通すけれど、日本からはダイアル直通で電話ができる。七月には個人のファックス通話も認められたし。だが、その通話料金のたかいのには閉口したな。

〝サスツルギ※〟の影がふかい。太陽がとてもひくいのだ。つかわれている写真は十二月のものではなくて、冬のぜんごに（四月か八月）撮られたものにちがいない。卓越風※に削られた雪面の凹凸（これがサスツルギ）は、白と紺との濃淡が鮮やかだ。南極は基本的には青と白の世界なのだな。

潜望鏡のような排気煙突がなん本もみえる。煙りのでている発電機のそれは、やはり卓越風の方向に棚引いている。

そのカレンダーをみながら、なつかしさの情の湧きいづるのを止められない。還ってきてすぐにこれをかいたとしたら、とてもこんな感情にはなれなかったろう。

きびしい山行からかえったときも、いつもそうだった。

だが刻は悦びの感情を永くのこし、痛みの感覚をすばやく消し去る名人だ。そしていま、この憶い出を辿りながらつくづくとおもう。そんな極地でのサバイバルとはなんだったろう。

そこでこうおもうのだ。極地でのサバイバルとはただひとつ、その〝隔絶性〟に収斂《しゅうれん》されるのではあるまいかと。その意味ではわが〝あすか〟など恰好の見本だ。〝島流し〟と表現したひともいる。設備の整った昭和基地も、そのてんではおなじ地球の底なのだ。

むろん通信はあろう。航空機もあろう。しかし〝地球の底〟というじじつはきえない。

気象条件のきびしさ、男十人の隔絶された生活がなまやさしいものだったとはけしていわない。だが地理上の隔絶性とそれのもたらす〝隔絶感〟は、なににもまして重いじじつだった。

ごぞんじのかたもおられようが、南極の越冬基地のたいはんは、アメリカ大陸の南端からちかい、いわゆる〝南極半島〟の付近に集中している。この周辺は、たとえばチリさい涯ての町プンタアレナスから航空機で数時間の距離にある。

わが国初の〝テレビ朝日飛行隊〟（南極の大先輩、村山雅美氏が隊長）もこのルートで南極に進入した。そして一九八七年暮れから八八年正月にかけて、わが〝あすか〟に滞在し、歓談と痛飲の刻を過ごしたのだ。

だがかれらのツインオッター機をもってしては、南極の僻遠地であるわが〝あすか〟〝昭和〟には、むろんいっぱつでは届かない。燃料補給のためにいくつもの外国基地がひつようだ。それも余裕のある、あるていどおおきな基地が。

〝あすか〟の西には西ドイツ（当時）のノイメイヤー基地があり、東にはソビエト（これも当時）のマラジョージナヤ基地があるが（そのあいだに南アのサナエ、インドのダクシンカンゴトリなどのちいさな基地があるにはある）、それぞれ一五〇〇キロメートルちかくは離れている。

緊急事態には、だからそのような各国基地間のリレー輸送となるだろう。しかし広大な南極大陸では、隣あわせの基地間の天候のちがいなど、むしろふつうのことなのだ。緊急リレー輸送の困難さは想像に余りある。隔絶性のもたらす所以である。

わが朝日隊もプンタアレナスから五時間の飛行で南極半島、チリのマルシュ基地へ。いか、おなじくチリのカルバハル、イギリスのハレイ、西ドイツのノイメイヤーと離着陸を繰りかえしてきたのだ。

ちなみに朝日隊の機長もコパイロットも、使用した飛行機のツインオッターもカナダでチャーターしたもの。日本にはざんねんなことに、極地の飛行をこなせるパイロットがいないのだ。しかたなく、極地経験の豊かなカナダのブッシュパイロット、機長のラス、コパイのジョンとともに、延延北米大陸、南米大陸と南下をつづけ、南極大陸でもスリリングな飛行を繰りかえして、ようようわが〝あすか〟に届いたのだった。

南極に越冬の物資をはこぶにたる航空機時代がくる日は、すこしさきになるだろう。日本の南極史三十年をつぎ込んできた砕氷艦、雪上車のパターンを切るのはあまりに重い。日本の各基地はなによりも船舶の使用に利ある位置にあるのだ。それがよく判っていたからこその三十年ではなかったか。

余談になるがこのときの村山氏みやげは、チリの赤ワインと名物焼酎ピスコ。北半球とは風土に隔絶したもののある南米のワインと、めずらしい葡萄出来の焼酎はさいこうのみやげだった。

これにたいして基地の住人のほうも、暮、正月と日本の誇る銘吟醸酒とドイツ銘醸ワインとで饗《もてな》したことはいうまでもない。

そのテレビ朝日派遣のリポーター（なんと南極観測隊にまでリポーターが出現する時代なのだ）が、作家の高橋三千綱氏。ブリザード吹き荒ぶ無聊の日び（かれらの飛行機も飛べないのだ）、我らと痛飲のときを過ごすとともに、かれはその一流のストーリーテラーぶりで基地のみんなをたのしませてくれたものだ。

〝南極でオンザロック〟は旨かったね高橋さん！　よき酒はこのときもまたよき友だった……。

（『南極でオンザロック』は同氏の著書名）

テレビ朝日飛行隊のツインオッター機とロムナエス・ヌナターク

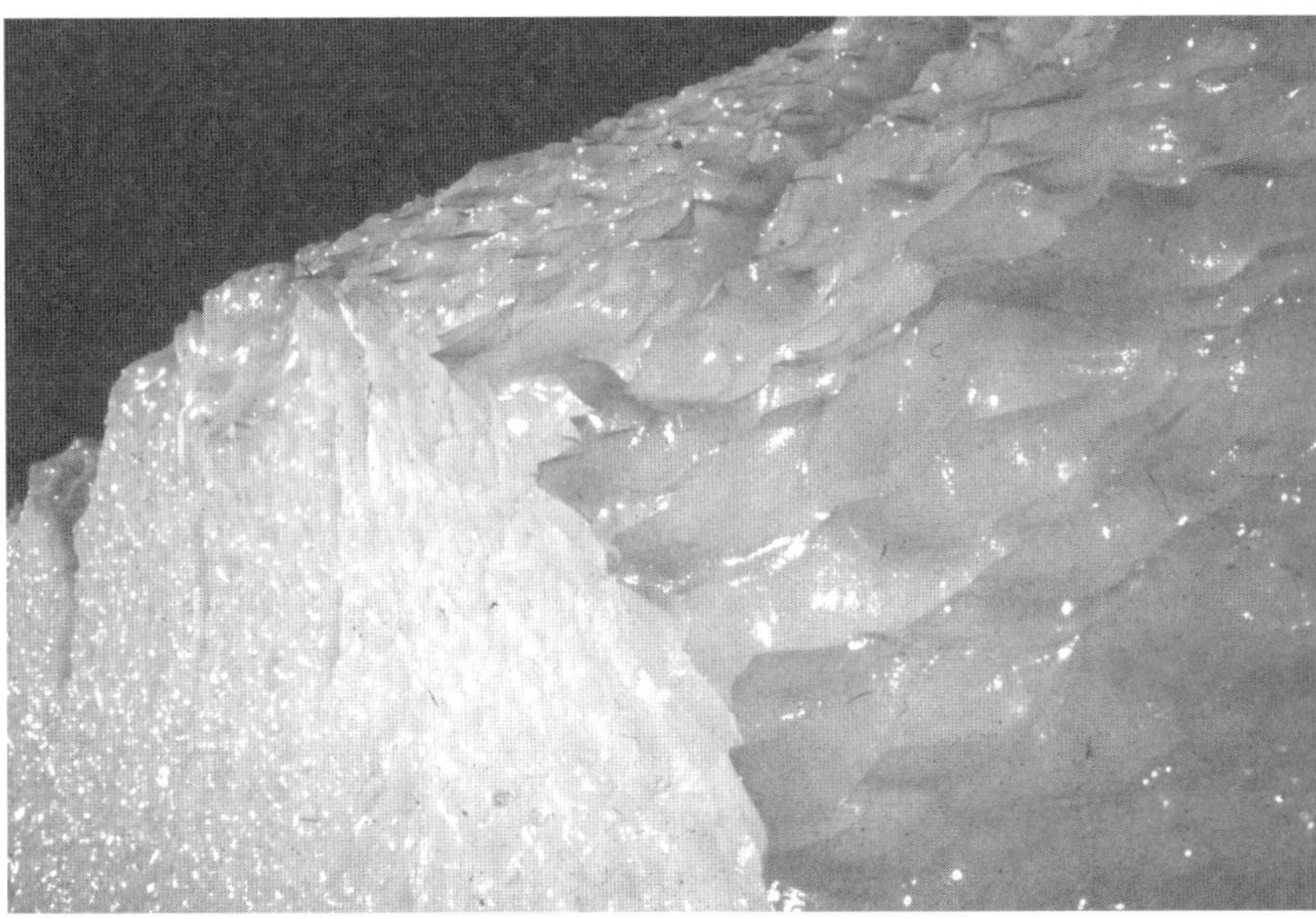

“南極でオンザロック”。これが純正南極古代氷だ

その4・南極幌馬車隊※のアルコール

★「裸氷の煌き」（南極カクテルNo.1）＝ドライジンとシャルトリューズを1対1/6（あるいは好みでワンダッシュ）でステアする。幻想的なグリーンのきらめき。

駱駝が沙漠の舟ならば、さしずめ雪上車は白い沙漠のラクダといえる。

ゆくてにひろがる大雪原はまさしく海《メール》だ。そこに顔を覗かせる山山は島嶼《とうしょ》であり、ヌナターク※は白い海に浮かぶ孤島だ。（はなしは脱線するが、南極の通信は雪上車のみならず基地の無線も移動局、船舶扱い。この意味でも南極の雪氷原は海だ！）。

そのメール・ド・ネージュ、白い大海原をゆく雪上車は、白い大波濤サスツルギに翻弄され、揺れにゆれる（「かう揺れては按摩にもならぬ」細井吉造）。

雪上車は野蛮な乗物だ。いちねんもいるとそのヤバンさにも狎《な》れてくる。怖ろしいことだ。

南極のウイスキーに従来〝コンク〟とよばれてきたスピリッツがある。

なんだかひとむかしまえに流行ったジュースの名前みたようで、とてもすきになれる呼びかたではないのだが、ともかくむかしからそうよび慣らされてきた。

ふつうは五〇リッター入りのステンレス・コンテナにいれられて、もっぱら旅行用につかわれている。

荷物がすくないにこしたことはない内陸旅行なのだから、〝濃縮〟ウイスキーは必需品といえた。アルコール度数がたかければ低温にもつよいというわけだ。

初期のころからの隊員のなかには、いまでもコンクはアルコール度数が80度だと信じているひともいる。マイナス50℃の寒冷下でこいつをやらかして、暖かい雪上車や幌カブにご帰還あそばすと、即ひっくり返るという伝説まであったほどだ。

いまでこそ日本でもアルコール度数60度いじょうの酒が手にはいるようになったけれど、すこしまえまでは、たとえばあの名泡盛〝どなん〟なども60度のやつは販売されていなかったものだ。

これはひとつには日本の消防法からくる制限があったためとおもわれる。同法に依れば60度未満の酒（アルコール）でないと、国内の運搬がひじょうに困難になったようだ。

このことから推察すると、これまでのコンクも度数80度などというシロモノではなく、たぶん59度いかの酒だったものとかんがえてよい。もっとも二九次隊いぜんのコンクは、ウイスキーではわが国ダントツのシェアを誇った某大メーカーから、運搬用のステンレスコンテナを貸与されていた関係もあって、同社製のコンクが南極でつかわれていたものだ。

酒とはつくづく風土の産物とおもう。その風土とは気候や土壌のみならず、土地柄あるいは文化といったものまでふくめて。

イギリスにスコッチ、フランスにワインがあるように、わが瑞穂の国にも和酒というすばらしい玉箒《たまははき》があるではないか。清酒といい焼酎という、風土の生み育てた酒たちが。

その国の風土・文化に起因するナショナルドリンクを尊重しよう。その国の民族と酒の伝統をもういちどかんがえてみよう。その国の土壌、気候に適した酒のあることにおもいをいたそう。この消息をして〝風土と人〟といい、あるいは古来より東洋ではこれを〝身土不二〟とよんできた。

情報というもののおおさが喜ぶべきものだった時代は去り、いまやその氾濫ぶりにみな困惑し踊らされるばかりだ。酒の問題、莨《たばこ》のもんだい然り。食の問題、健康もんだいまたしかりだ。ただしくものを見抜くめをもつことが、ほんとうにむつかしい世のなかになってしまった。民族の酒やら身土不二やらをテンから無視して酒をつくろうとおもえば、純アルコールにちかいモラセスアルコール（廃糖蜜アルコール）などをつかって、アルコール度数なん度の酒だって自由自在。80度だってわけはない。さあ、はなしがどんどん逸れていく。南極のコンクにはなしを戻してさきをつづけよう。

こんかいの南極行では、ほかの南極酒とどうよう、このコンクについても氏素性のはっきりした、できれば民族の酒とよべるものを択びたかった。

わが国ではウイスキー原料のひとつとして、遥ばるスコットランドから大量のモルト原酒を輸入している。そしてモルト原酒とは、通常60度とか63度のアルコール度数で貯蔵される。

そこでこれにめをつけた。59度で南極にもってゆく〝コンク〟としては、こいつは恰好ではないか。ほんのわずか加水するだけでよろしい。いやばあいによっては加水のひつようすらない。

さいわい、知りあいのウイスキーメーカーがこころよくこちらの頼みをきいてくださり、同社の輸入したモルト原酒の使用を快諾してもらえた（むりはいえなかったが、そのモルト原酒の品名をしりたかったのだが……）。

けっきょく、〝昭和〟と〝あすか〟の二九次隊はA、B、Cの三タイプの〝いわゆるコンク〟をもつことになった。このうち〝A〟タイプは同社製〝B〟の国産モルト原酒と前記スコッチモルト原酒のバッティング。その〝B〟は有名避暑地の名をつけた同社製市販モルトウイスキーの原酒。また〝C〟は同社のふつう市販ブレンデッドウイスキーの原酒であった。

ちなみにこのAタイプはつかわれたスコッチモルトの素性に由来するのか、国産Bタイプどうよう、いわゆるピートフレイバーがすくなく、すこしばかりシェリー酒様の甘臭と粘っこさがきになった。それを和らげようとして、かるいタイプの自社モルトBとバッティングしたのだろうが、いまひとつその効果はかんばしくなかったようだ。

いじょうA、B、C三タイプのアルコール度数はいずれも原酒そのものといってよい59度。これで南極のコンクを従来のコンクとよびたくない理由《わけ》がお判りいただけたとおもう。それで、こんごこの南極必需品を〝南極モルト〟とでもよぶことにしようか。

我われの隊は独自に二五リッター入りのステンレス・コンテナを新製した。これで五〇リッター入りと較べて（なんとしても重い）格段につかい勝手がよくなったし、なによりいれる酒を貸与されたメーカーに縛られずに、自由に決められるようになった。もっとも我われのワガママをきいてくれるメーカーがあってこそのはなしだったが。ありがたいことであった。

南極の生活が夏期間と冬期間があることで、ふたつのパターンをとることはまえにかいた。野外中心の生活と屋内中心の生活のふたつに。

とうぜん南極の酒生活？にもこのふたつのパターンが生きてくる。ひとつは旅の酒、荒ぶる地の酒、太陽と酒といったもの。もういっぽうが基地の酒。繊細な酒たち。暗闇と酒ともいえよう。

前者はウイスキーはじめ、高アルコール濃度のスピリッツ類と止渇飲料としてのビール。後者は清酒、ワインを中心にした繊細な醸造酒のことだ。

旅行用の蒸溜酒《スピリッツ》には南極モルトのほかにも、シングルモルトや通常のウイスキーはもとより、焼酎（名品〝文蔵〟と〝久寿〟は第Ⅴ期旅行のまえに呑み尽してしまった！）、ウオッカ、ジン、ラム、テキーラ、れいのチリのピスコまで携行したのはいうまでもない。

なかでもモルトウイスキーには興味ぶかいできごとがあった。

おなじモルトでも南極モルトの個性やクセのすくなさとは対照的に、南極にもってきた二十種あまりのスコッチモルトのなかには、同地でもクセのつよさナンバーワンという〝アイラモルト〟二種がいれてあったのだ。

その名は〝ラガヴァリン〟と〝ラフロイグ〟。

ハイランド（スペイサイドの男酒）、ローランド（穏やかな優しさ）、アイランド（個性豊かな通称島モルト。中心のアイラ島をはじめ、スカイ、ジュラ、オークニーをふくむ）、キャンベルタウン（げんざいあまり実態はない）と四つあるスコッチモルトの産地のなかでも、アイラ島のモルトはその強烈なピートフレイバーでしられ（海藻ピートに起因するといわれる独特なクレオソート臭）、おおくのスコッチのブレンドに風味附けとしてもちいられる。この二種はその本生《シングルモルト》の瓶なのだ。

テイスティングしてみたところでは、そのクセのつよい海藻ピート味香は、ラガヴァリンでは味のほうにつよくでるが、ラフロイグには香りとしてつよくかんじられる。むろん両者とも全体のフレイバーは強烈だ。

じっさいにはもう一種、ボウモアというアイラモルトももってきていたのだが、この島モルトは前二者と較べるまでもなく、アイラの特徴がまったく淡くてとても同列にはかたれない。

そのラフロイグを隊として数ケース仕入れてあったのだが、この強烈な消毒薬風味のおかげで、越冬初期にはまったく人気がなく、だれも手をださない。個人斡旋で購入した連中も持て余してしまって、捨ててかえろうなどと洩らすしまつだ。ひとり当事者だけが、スコットランド・ラットレイ社のブラック・マロリイ（ラタキアブレンドのパイプ莨。これにもよく似た燻匂がある）との、妙にピッタリする癖モノどうしのハーモニーをたのしんでいた。

それが第Ⅳ期旅行あたりを境に異変がおきた。

むろん旅行ちゅうのことなのだが、まずスノモ乗りの連中のなかから、ラフロイグをリクエストするものがではじめたのだ。

いちにちぢゅう、身体を曝して寒気のなかを走りまわるスノーモビルは、爽快であるとともに、すこしの油断が顔面そのほかの凍傷をまねくほどきびしい。そのスノモ乗りの連中が探査のあいまのちょっとした休憩時に、ラフロイグをチクとやることを覚えたのだ。まことこの酒はこういった場面にこそよく合うようにおもえる。越冬も終盤にちかづくと極地慣れしてきた身体が、しぜんとこのようなクセのつよい酒を要求するのかもしれない。

外デポ。この長いデポ棚の列がいくつも並ぶ

こうなるとおそろしいもので、基地に還っても夜ごとの酒はラフロイグだ。アイラモルトが余るどころではない。第V期旅行用にべつにとり除けておかねばならなかったほどなのだ。

捨てかえるなどといったのもどこ吹く風、帰路の斡旋にもアイラモルトの名をチャッカリと記すことは忘れない。

南極の空気はたびたびかいたことだが、低温であることはいわずもがな、湿度もまたたいへんひくい。雪や氷が水分のかたちをとらずに、ちょくせつ昇華するためとおもわれる。そんなわけで止渇飲料としてのビールは夏冬ともに欠かせない。どんなにソトが寒かろうとこの乾燥下の環境では、食事時の一杯はたまらなくうまい。

〝あすか〟は基地内部が手狭なために、食料、機械部品そのほか、かなりの物資をいわゆる〝外デポ〟にたよらざるをえない。酒もむろん例外たりえず、スピリッツ類とビールは戸外に野積みする。そうなると高アルコール度の蒸溜酒はともかく、ビールはとうぜんたちまち凍る。

だから旅行ちゅうはもちろんのこと基地で飲むビールも、のむぶんだけデポ棚※から室内にはこびこみ、解凍してからのむというわけだ。いうまでもなくいちぶのセレモニー用の瓶ビールをのぞいて（これはワイン、清酒などとともに、恒温庫にたいせつに保管しておく）、ビールはすべて缶ビールだ。それでも一箱にひとつやふたつはたいていパンクしている。

そのビールも二ヶ月を過ぎたころから、解凍してコップに注いでみると濁りと澱《おり》を生じはじめており、そしてそれはだんだんと酷くなる。

ビールは新鮮さがいのちなのは百も承知。しかしここは地の涯て南極。もうこれは如何ともしがたい。だから一年たって次隊のもってくる新鮮ビールの待ちどおしいこと、そして旨いこと！

酒類のなかでもっとも量のおおいビールは野積みせざるをえないのだが、そんな凍結ビールでも乾燥の南極では欠かせないものだし、じじつおもったほどには不味くない。

そんな缶ビールのなかでも濁りを生じやすいものと、そうでないものとがあるのはおもしろい。出発まえの日本での購入時には、国産の生系とオーストラリアのビールは濁りやすいときいていた。だが市販の生ビールは（缶入りも瓶入りも）生とはいったって熱処理していないというだけで、ミクロフィルターで濾《こ》したりなど、しっかり限外濾過をかけたビールなのだ。あまりきにせず、とりまぜてもっていくことにした。

その豪州ビールも、往路の寄港地が西海岸のパース・フリマントルのため銘柄はスワンビールなのだが、これをまた大量に購入した。そしてそれが結果的にはよかったのだ。

なにしろオーストラリア西海岸は物価が安い。当地のサプライヤーによれば、世界的にみても、もっとも安価な寄港地のひとつではないかという。物価のたかいシドニーとくらべてみれば、かくじつに三割はものがやすいのだ。

ことビールにかぎらず、隊の酒類は（個人斡旋もふくめて）そのすべてを免税で購入する。〝民族の酒〟、身土不二を標榜するものとしては、ビールのみならず洋酒のたいはん（一部手にはいり難いドイツ銘醸ワインをのぞいて）をフリマントルで調達することにしていた。蛇足ながら、スコッチにしたって七五〇ml入りスタンダードが五，六ドル、プレミアムで一〇ドル、モルトが一五ドルといったぐあいなのだ。（とうじ対日本円換算で一豪州ドルが約九八円）。

ビールなどスワンの黒缶レギュラーサイズがなんと三八セント（ひと缶三五エン！）。水より安いこのビール、ちょっと酸味をきかせたクセのある味だが、これが爽やかに乾燥した豪州や南極の大陸では、少少アルコール分のたかいことと相俟ってまことにけっこう。当初の予想をうらぎって、濁りのもっともすくないビールだったこともまたうれしい。

いちにちぢゅう揺られにゆられた南極幌馬車隊もよていのキャンプサイトに着き、幌カブのなかは調理用バーナーと石油ストーブで暖かだ。

南極モルトも並んだ、スコッチもならんだ。しかしなにはともあれまずビールだ。行動ちゅう、解凍籠にいれて雪上車後部のヒーターまえに置いておかれた缶ビール（これがホントの燗ビール!!）は、ふたたび幌カブまえの雪につっ込まれてころあいに冷えた。凍らしたり、暖めたり、また冷やしたりとずいぶん荒っぽい扱いだが、それが南極の作法だ。

くちびるが極寒にヒビ割れ、皮膚が烈風にささくれても、隕石隊の未踏の雪氷原での探査はつづく。そんな旅行ちゅうの酒の作法に、やわな醸造酒はにあわない。暮、正月などのセレモニー用にとっておきの酒やワインの幾本かはもってきているけれど、ハナからそんなモノがあぢわい切れるとおもっちゃいない。

それらやさしい酒たちは、夏のあいだに荒れたからだが、ながい室内生活でゆっくりと繊細な酒の味香をたのしめるように戻った、冬籠りの暗闇の生活のなかで味わうものなのだ。

さて、きょうのところは、珍種ユレイライト隕石の発見を祝って、海藻ピートのアイラモルトで乾杯！

……よき酒はよき友です。

その5・太陽に別れの乾杯

影が長い。あしながオヂサンも、こんなにながくはないだろう。とても太陽がひくいのだ。昨日、太陽を送る会をすませたばかりだった。屋外のうす暗がりのなか、とっておきのセペルト・グレートウエスタン・シャンパーニュ・インペリアルで乾杯した。この豪州のスパークリングワインも、これから冬にむかう酷しい寒気のなか、わずかばかりの泡立ちをみせたにすぎない。たちまちのうちに杯《グラス》にはうす氷が張りつめた。

それでいいのだ。たのしい酒盛りは温かい基地のなかですればいい。

これから、永いながい冬の季節がつづくのだ。いちど太陽が地平線に隠れてしまえば、もうこれからさき三ヵ月はあかるい季節はやってきはしない。楽しむがいい。浮かれるがいい。

南極の季節は、いぜんにもかいたように、感覚的にはあかるい夏とくらい冬だ。そんな冬には、熊みたいにみんなじっと冬籠りするしかないんだ。むろん定常観測の連中はとてもそんなことをいってはいられない。暗がりのなか、完全防備でソトにでて、百葉箱をのぞいたり、ラジオゾンデを揚げたりもする。しかし、とはいっても我われ二九次隊のメインオペレーションは隕石の探査だ。夏にならなければ、調査旅行にはでられないのだ。あかるい春をまつ日びがつづく。

いきおい、閉ざされた部屋のなかで、いかにときを過ごすかだ。南極最大のお祭りミッドウインター祭、南極大学、月づきの誕生会、はてはヨコの箸がタテになった日もオマツリだ。すきなやつは毎晩カラオケ、マージャンとくる。

誤解ないようにもうせば、なにも毎晩宴会をやっているわけではけしてないのだが、それでも夜の食事に酒は欠かせない。

倖いなことに、あすか越冬十人全員下戸はいない。それどころか〝酒の二九次あすか隊〟と〝しらせ〟兵隊さん（乗組員）たち（荷物の搬出、基地への輸送は全面的にかれらのお世話になる。南極観測支援というわけだ）にも蔭口をいわれたほど豊富なはずの基地の酒も、連中の呑みっぷりをみていると、なにやら心細くなってしまう。

旅の酒がウイスキー主体のスピリッツだったのとは対照的に、基地の酒は清酒、ワインなど繊細な醸造酒が活躍する。むろん食后の友スコッチモルトをはずす手はない。ちなみに酒の種類はなんでもある。おもいつくかぎりの醸造酒も蒸溜酒もたいていのモノはもってきた。しいていえばカクテル素材のリキュール類にすこしの弱点があるにはあるが、これはミックスドリンクをあまり重くみていない結果かもしれない。

暗闇の日びが三ヵ月いじょうもつづくと（このうち地平線上に太陽のまったく顔をださない二ヵ月がある）、ながい夏のあいだの野外作業で荒っぽくなった身体も、徐徐に繊細な醸造酒をあぢわえるコンディションにもどる。日本からの過酷な旅でバランスをくずした酒たちも、六月の声を聞くようになると、ようよう旅の疲れもとれて、のめる状態になってくる。冬期間は隊員たちにとっては精神的につらい季節だが、やさしい酒たちをたのしみあぢわうには好都合だ。

その六月には隊員たちの待ちにまったミッドウインター祭がおこなわれる。この祭りは日本の基地のみならず、南極のおおくの基地で祝うのだ。それは六月二十一日を中心にして二十日、二十二日の三日間、昼夜ぶっとうしでお祭り騒ぎだ。

その六月二十一日は南極の冬至。太陽がもっともふかく地平線に沈みこむ日であるとどうじに、それはまち焦がれるあかるい日びへの折り返し点でもあるのだ。

三十年ものあいだ南極観測をつづけていると、このミッドウインター祭についてもおおくの伝説や逸話がのこされて

六月二十一日ミッドウインター祭当日。調理を除き全員正装

いる。〝しらせ〟艦上での〝赤道祭〟とともに、その狂乱ぶりはつとに名高い。

なにしろ一年におよぶ越冬も半ば、発狂寸前の男どもの乱痴気騒ぎは想像に余りある。まっ白にオシロイを塗られた己が顔を、うっとりと眺め入っていた、あの不気味な赤道祭の光景をわすれない。のちのはなしになるが、昭和基地ではこんかいも幾人かのアイドルがうまれ、そのブロマイドはふかく密かにゆき渡ったときく。

さて、わが二九次あすか隊はどうであったか。〝ナナチャン〟なる女性がうまれはしたが、かの女ときわめてノーマル。鏡に映る己が姿にため息をつく趣味はなかった。結果だけはじめに記せば、この闇夜の三日間はみなの期待もむなしく、紳士的な健全な夜夜なのだった。

ミッドウインターの入りは中華のフルコースをスコッチ・シングルモルトでやっつけ、ご愛嬌にそのシングルモルトで唎き酒大会をやってみることにした。

このシングルモルト、いまでこそわが国では盛んなブームだが（なんでもブームにしてしまわねば気のすまないかなしき日本）、もともとスコッチファンたちは密かに、手にいれられる数すくないモルトをいぜんからたのしんでいた

ミッドウインター祭中日の洋食フルコースとドイツ・レーマーグラス

のだ。

それがいまや、ほかのおおくの輸入洋酒どうよう、スコッチモルトも百花繚乱。これはこれでおおいに結構。我われファンもたのしませてもらっている。しかし、なんでもそうなのだが、無差別に、売らんかなで入れはじめれば、なかにはかならず首を傾げたくなるものも混じりだす。こころせねばならないことだ。

というわけで、こんかいの南極にはスコッチモルトの代表的な産地から二十種をえらんでもってきた。

これには英国に本部のあるスコッチウイスキー協会のおおきな協力があったことを記さねばなるまい。手にはいりにくい島モルトのラガヴァリンやシングルグレーンのキャメロンブリッジを含めて、シングルモルトの唎き酒セットを組んでくれたのだ。またブレンデッドのスコッチの寄贈に直接の指示をだしてくれたことにも感謝せねばならない。

このウイスキー集めには、わがあすか越冬隊長の活躍もわすれられない。出発する年の夏、うまいぐあいにスコットランドで学会の開かれるのをいいことに、モルト集めをおねがいしてしまったのだ。そのためにかれはスカイ島にも渡った。オークニー島のモルトももって帰った。そのかれが成田に着いたときのすがたをご想像ねがいたい。両の手はもちろんのこと、ちいさからぬ背中のリュックまで、その中身のたいはんがモルトウイスキーだったのだから……。

そしてのこりのモルトは往路のオーストラリア、フリマントルのサプライヤーに集めさせておいた。

そんなモルトたちを、ここでいっきにやっつけようというのだ。じっさい二十種あまりのモルトをいちどに唎く機会などめったにあるものではない。ちょっとした酒屋でもこれだけのスコッチモルトをならべてある処などはすくなかろう。

それぞれのモルトがワイングラスに注がれた。かたわらに南極氷を満たしたチェイサーもわすれない。モルトウイスキーの唎き酒などはじめての諸君たちなのだから、まずはそれぞれを味見してみる。たいがいの好みはノーザンハイランドのグレンモレンジかローランドのローズバンクあたりに落ちつく。ちょっとうるさいやつらは香りのよいオークニーのハイランドパークやこくのあるスペイサイドのザ・マッカラン、グレンファークラスになろう。まちがってもアイラモルトのラフロイグやラガヴァリンには手をださない。みなそれぞれの好みの酒をみつけ料理をたのしんでいる。なんでもかでもお湯で割るやつがいるので、それはそれとなく注意しておいた。

アトラクションの唎き酒大会は南極モルトや一般的なブレンデッドもまぜて八種類。同種のものを当てるというもっともふつうの方法だが、それでも全問正解がふたりもでたのにはおどろいた。

二日めのミッドウインター当日には洋食フルコースと銘醸ドイツワイン。これらラインガウ、モーゼル、プファルツなどからきた銘醸ものは、さすがにフリマントルのサプライヤーでは手のだしようがなく、日本で知りあいのワイン屋さんにむりを承知で免税の手続きをしてもらった。そしてドイツワイン協会からのプローベ（テイスティング）用のワインセットがこれに加わる。ちなみにオーストラリア産の銘醸は、とうぜん現地のサプライヤーに指示しておいた。ご当地にもちいさな蔵だが眸を瞠る正宗があるのはうれしいことだ。

この日、二十時二十一分に冬至点を迎えるにあたって、全員盛装してメインディナーのテーブルに臨んだ。この日を

ドイツ銘醸ワイン。むろん総数ではなく各銘柄一本ずつの写真

南極五十七銘吟醸たち。その総数は二九次隊全体で約二千七百本

境に、一歩いっぽ太陽の昇る日がちかづいてくるのだ。恒例の隊長のひとことのあとには、なにはともあれゼクト（独逸発泡酒）で乾杯だ。よく冷えたブールのゼクトが旨い。

豪州産の生牡蛎は中部モーゼルのショアレマーが醸した〝オーリヒスベルク〟が、舌を洗うに上出来だった。おなじショアレマーの〝ユファー〟は、六七年のそれとは較ぶべくもないが、それでもおのずから備えるよき酸が、オードブルのマリネやサーモンにはよき調和を醸す。

プファルツの〝ゲヴュルツトラミーナー〟は、そのほんのりした甘さが白身の舌平目とこれまたよくマッチした。かの地の常で乏酸の傾向はまぬがれえないのだが、このトラミーナー種の特徴的なスパイシーな香りがみなの気にいったようだ。

ここでなか休みのハールトの〝金の雫〟（ゴルトトレップヒェン）カビネットで舌を休めて、いよいよメインディッシュの豪州巨大ロブスターと和牛のステーキを、おなじくハールトの金の雫とプファルツの3B、バッサーマンの〝イエズイテンガルテン〟のともにシュペートレーゼ二種でやっつける。

ハールトの酒はその繊細さゆえか、いまだ旅の疲れがとれずに沈黙したままだ。それにしても六九年のワイン法改正前のあのすばらしかった六四、六六、六九年、なかんづく六六年の一番と一六番の樽がわすれられない。まこと乙女の清純さと愛らしさとやさしさをもっていた！　それはまたモーゼルワインのもつたいせつな特質でもあるのだ。

バッサーマンの醸した酒は、モーゼルの乙女とは対照的に、そのどことなく田舎くさいアーシーなかんじが、ゆったりとした落ちつきとよく調和して、少少重かったメインディッシュとなかなかの出合いだった。

最終日の二十二日、きょうはれいの南極五十七銘吟醸をあびるほど呑んで、三日間の祭りの〆にするつもりだ。酒の肴はとうぜん〝あすか寿司〟。腕に覚えのある矢内越冬隊長の出番だ。印半纏も勇ましい隊長お手間入りのにぎりをいただく。

宴もたけなわになるころ、恒例のプレゼント交換とあいなるが、なかには往路のオーストラリアで仕入れてきたらしいポルノグラフィーなどもちだす輩がいて、貰ったほうは嬉しさよりも困惑がさきにたつようなのはお笑いだった。

それにしても、わが国を代表するとおもわれる銘吟醸はさすがにどれもたのしめた。〝まんさくの花〟は秋田流のやわらかな芳醇さがかんじられたし、越後の〝白瀧〟はそのたかき吟香と豊潤な吟味のバランスがみごとだった。また、栃木の〝惣誉〟の凛と張りつめた気高さはちょっとれいがないが、しかしこれを南極で味わうとなると、極地の環境はすこしきびしすぎたか。

西の酒、兵庫の〝龍力〟は米のもつ旨みじゅうぶんなよき酒だったし、愛媛の〝梅錦〟の極味《ごくみ》ある味香はさすがに吟醸草分けの貫録。九州熊本の〝千代の園・エクセル〟はまた、独特のつよい吟香で異彩を放っていた。おなじ九州大分の〝西の関〟はふつうの純米酒であるために吟香こそないけれど、落ちついた滋味ゆかしき酒だった。

そんな旨酒にもようやく呑み飽きたころ、ディジェスティフにコニャックなどやりながら、またしてもカラオケ大会になだれ込む。喰うことと呑むことと唄うことくらいしかない南極なのだから、それも致しかたあるまいネ。ミッドウインターの三日間は、むろん、毎晩これだ。

だが、きょうのコニャックはちょっと凄い。その名もオタール〝フランソワ一世〟、自称百年物というふれこみの、青いリモージュ焼きのボトルにはいったこのセンチュリーコニャックは、ずいぶんと高価なものだそうだが、所有者である設営のＳはこの日のために、じっと封を開ける誘惑に耐えてきた。ただし、ご多分に漏れずこういったものは封を切るまでがたのしみ。切ってしまえば、やはり予想どおり淡い色調の、アルコール分も程ひくい、枯れきった味が印象的だった。しかしその香りは百年も経ったとはおもえぬほど芳醇であり、そして若いオタールのもつクセのつよさは微塵もなく、ただまろやかな喉ごしが際だつのだった。

基地の酒についてかくとき、どうしても触れねばならないことがある。それはさいしょにも記した〝南極大学〟や月づきの誕生会、また〝太陽を迎える会〟、〝皐月節句の懐石〟はじめ、いろいろな〝行事と酒〟についてだ。むろん〝ミッ

皐月節句の懐石料理と南極銘吟醸酒

ドウインター祭〝はこのなかの最大級のものなのはいうまでもない。

〝酒〝や〝食〝が越冬中のおおきなたのしみになることは、云わずもがなというものだろう。それでなくともわが二九次隊は酒が溢れている？　なにかの理由をつけてはその宝を消費することをかんがえている。

さてその南極大学。越冬中、冬籠りの無聊を慰めようと、冬至をはさんで前期後期二回ほどの開講が予定されている。越冬隊員全員が生徒であり講師だ。

わがあすか越冬十人は一人ひとりがその道のスペシャリストだ。前期の講義にはその専門のことをはなしてもらい、後期はそれぞれの趣味についてだ。こちらは〝ワイン〝と〝日本酒〝のはなしをその担当とする。双方ともに趣味とも専門ともつかぬものなのはお笑いぐさではあった。そして両講義ともあとに実地のお勉強のついていることはもうご想像のとおりだ。

六月二日は日本酒のはなし。時間内にはとても云いたいことの半分もいえない。それでのこりは、呑みながら……。

西の酒を七種ほどためしたが、なかで断トツに印象ふかかったのは山陰島根の〝豊の秋〝。すばらしい味香と複雑な要素のみごとなバランス。つよい主張やくせはないが、それだけにしずかな迫力で逼《せま》る。

七月十一日はワインのはなし。この日は講義のなかでプローベ三種。潤滑油がはいったためか、きょうは舌がよくまわる。つい熱がはいって二時間の延長戦となる。そのあとドイツワイン十一地域のうちの五つの地方のワインをのみ較べる。そのなかでは、ガウとモーゼルのよさをひとつにしたナーエの八三年、国立のニーダーホイザーが甘味、酸味、香りと三拍子揃ってほんじつのナンバーワンだった。

七月十六日は卒業式（落第証書の授与）とやらの茶番をしてから、プファルツの３Bの試飲。三者三様それぞれの個性をだしきって見事。夕食時のパーティーではオーストラリアの銘醸物四種を飲んだ。ただし、まえのドイツがよかったためか、豪州のリースリングはまだまだ太刀打ちできない。

いま、南極ならぬわが家で五〇年代のジャズを聴いている。広からぬ部屋はこれもだい好きなバルカンの№７５９ミクスチュアの紫煙がたち篭めている。そしてかたわらにはモレンジのグラス。

ジャズと酒と莨《たばこ》。聴覚をたのしませるもの、味覚をたのしませるもの、嗅覚をたのしませるもの。これら生い立ちや風土を超えて官能を刺激するものの普遍性とはなんなのだろうとかんがえる。身土不二に由縁する独自性とのかんけいや如何ともまたかんがえる。

グルービー・Cジャムブルースの弾むような旋律がここちよい。そのインターナショナルな性格をもたせえたもの。これはかれ、R・ガーランドの天才のなせる技か。それともインターナショナルな環境に育ったわれらのキャパシティーがそうさせるのか。

外に荒れ狂うブリザードの吹きぶりを聞きながら、安穏で快適な基地の食堂のなかで聴くときも、マイナス20℃の雪上車のキャビンの寝袋のなかにすっぽりともぐり込み、じっとバッテリーを温めながら聴くときも、こころ浮きたたせるそれは音楽だった。

たのしいばかりではないだろう。うれしいばかりでもないだろう。くわしいことはむろんしらない。それでもそれが、アメリカ暗黒街のギャングスターや麻薬などと縁の切れないものだったことくらいはしっている。もともとそれがアフリカのもつ楽天性なのか。アフリカから強制的に連れ去られた過去の過酷な歴史も、それを変えさせることはなかったというのか。かんがえるほどに解らなくなる。

日本で生まれ育った我われと、ますます汎世界的な行動を求められるもういっぽうのわれら。和酒をたしなみ、和食を口にするとき、それをたのしんでいる自分をみつめながら、そんなことをおもったりすることがある。そして自分ももうそんなに若くはないんだなあ、と独りごちる。

ひとりの人間の裡にある、大袈裟にいえば相反するものの葛藤。だがそれでいいのだ。いつも自分たちはその声に従ってきたではないか。

これからミノープラグとあたらしい竿をもって、緑の川辺へでかけようとしている。そこにはこころ弾むたのしさが、そんな自分をまっていることをしっている。雪を残すたかい山山から吹き降ろす風が、身体を緑に染めることもしっている。裡なる呼び声をたいせつにしよう。

山はいいぞ。新緑の渓はいいぞ。そうだ、沢辺での一服はきっと旨いぞ!

その6・ちょっと昔のタイムカプセル

南極から還ってきて二ヵ月ほどが過ぎ、ようやく娑婆の空気もらくにすえるようになってきたころ、ヒョンなことから、久方ぶりでルアーの釣り※をするはめになった。仲間うちの四方山ばなしの徒然《つれづれ》に、巨匠あるいは髭の殿下（少少品のわるいのは我慢していただくとして）とよばれる人物が、かれ一流の川のプラグ論をはじめたのがそもそものはじまりというわけだ。どういうぐあいになったのか、次回の殿下のご釣行に随行せねばならなくなってしまったのだ。

もう十年いじょうも触れていない、ホコリだらけのルアーの箱をあけてみる。塗料にカビが生え、ゴムのスカートは腐り、スポンジは精《しょう》が抜けてボロボロになり、金属はすっかり曇ってしまった。それでも次からつぎへと取りだすどのルアーにも、それぞれに懐かしい憶いがあった。釣れた日、釣れなかった日。晴れた日、雨の日。とおくへ出かけた日、仕事のあいまを盗んでちかくの池であそんだ日。そんなルアーが取りだされるさまをみていた編集長（とうじ『フィッシング』誌の吉本万里氏）の眸《め》が光り、ハタと膝をたたいた。「ン十年後に開けたタイムカプセル、これでいこう！」。かれは倒木の翳《かげ》の鰐のように、貪欲に通りかかる獲物を待ちうけている。

あのころのはなしをすることになると、刻《とき》は二十年（平成元年より、以降おなじく）にちかく遡る。とかく昔話は自慢ばなしに堕しがちなもので、他人《ひと》の食った旨いものや酒のはなしどうよう、聴かされるほうはおもしろくもなんともない。おいしいはなしは努めて自重いたしますが、はてさていかなることに……。

そのころ、わが国の釣り師に、ルアーで魚が釣れるなんてほんきで信じている人間なんか、ほんの一握りのものだった。そのひとたちのめも冷水の鱒や芦ノ湖のバスにむいているばかりで、フロックではなく津久井や相模（ともに神奈川県の人造ダム湖）のバスが釣れるやつなんぞ、かぞえるほどしかいなかった。ましてや低地の野池に関心をもつ酔狂な男などひとりもいなかったことだろう。

その数すくない釣場の鱒やバスではじめたルアー釣りだったが、あるときアメリカのアウトドア雑誌をみていると、ボウフィンという魚の釣りが載っていた。この魚、よくみれば雷魚そっくりじゃないか。雷魚ならちかくの溜池に棲んでいるのをしっている。

こうして雄蛇ヶ池《おじゃがいけ》（千葉県東金市）の釣りがはじまったというワケなんだ。この雄蛇《おんじゃ》、夏になると蓮や菱や睡蓮に被われる典型的な藻池だ。おしえてくれるものとてない藻池の釣りを、米人のかいたものをたよりに試みはじめた。睡蓮を主体にした植生を〝リリーパッド〟とよぶことをしり、このことばをつかいはじめた。成果を纏めてそのころの〝フィッシング誌〟に載せてみたり、日本のルアークラブの草分けで、作家の開高健氏を会長に戴く〝東京ルアーアングラーズ〟の席上ではなしたりもした。試みるもののない釣りを弟とふたりタンノウ（このコトバはこういうときにつかうのだ）した。そのころのオンジャはどこから水辺に立とうとも、あちらを向いてもこちらをむいても、れいの「バフ、バフ！」という音（雷魚の呼吸音）の競演だった。

そんなある日、水のなかに腰まで立ち込んで釣りをしている奇妙な男を発見した。なにが奇妙かといって、ひとつは我われしかしらないはずのルアーを投げているようなのだ。もうひとつ、遠目でしかとはわからないけれど、こちらのルアーとはあきらかにちがうルアーをつかっているようだ。そのうえ、水中にはいれば足を藻に絡めとられて、水底に引きこまれると恐れられている雄蛇で、立ち込んでいる！

こちらがちかづくのをみて、かれも水からあがってくる。はなしてみれば気のよい男だ。リーのオーバーオールに上半身裸のこのトッチャン坊やこそ、だれあろう若き日のわれらが巨匠そのひとだった。

彼およびかれの仲間とはこれを機に急速に親しくなっていった。昔日の〝東京ロッド・アンド・ガン〟の仲間たちである。巨匠がフィッシング誌の記事に触発されてこの雷魚の釣りをはじめたのか、それとも同時発生の平行進化だったのかは、つい聞き漏らしたまま今日に至っている。

そのころつかっていたルアーは、ウィードガード※を強化した、特製の〝トビー・ウィードレス〟（！）だった。このルアーはリリーパッドの釣りにはさいてきであると、とうじはかたく信じていた。またじじつほんとうによく釣れた。水中ではよく泳ぎ、藻のうえではクルッとウィードガードをうえにして巧みにスケーティングする。そのうえ細身で喰いこみがよく、フッキング率のたかいのも気にいっていた。スプーン※であるから、いわずもがなとおくまでよく飛んだ。これは岸からの釣りにはつよみだった。（カヌーをもちこんだり、トップウォーターのプラグ※をつかいはじめたのは、このすこしあとからのことだ）。

ところがれいの人物の釣りはちがっていた。立ち込んでいたのもそうだったし（ルアーが丸っこく、軽いせいもあるようだった）、着水してもすぐには巻きださず、糸フケをとるとそのママしばらくじっとしていた。そして、おもむろに竿先をピクピクと震わせてルアーを踊らせ、ルアーのうごいたぶんだけ糸フケを巻きとるというやりかただった。（こちらもチョンチョン・メソッドでルアーにアクションを与えることはよくやった）。そのかれのつかっていたルアーが、そのあとすぐ我われもつかいだし、リリーパッドの釣りシーンで一世を風靡した、通称〝ハリソンのバスフロッグ〟、ビル・プラマーおぢさんの初代オリジナル蛙ルアーだった。

このルアーならびにその釣りかたは斬新なものとして映った。このてん残念ながら人物のほうが一歩を先んじていた。初代ハリソン・フロッグのオリジナリティーとその雰囲気はまったく申しぶんなかった。凝った造りの、ゴム製のこのルアーは、それにつづく軟質プラスチック製の二代目三代目とは名こそおなじなものの、まったく異質の出来映えだった。リリーパッドの蛙ルアーにはこのあと、スナグプルーフ、ガルシャ・フロッグそのほかが登場するが、どれも初代ハリソンを超えることはない。のちのはなしになるけれど、われらが巨匠も、いたく感激したこのルアーなきあと、苦心してその雰囲気をよく伝えるゴム製のフロッグを製作したが、かれの意気込みにもかかわらず、その初代はよく逆さまになって泳ぎ、そのつけられた名を捩《もじ》って〝ビックリー蛙〟とよばれた。

これがオリジナル初代ハリソンフロッグ。右は巨匠のヒックリー蛙

そのごこの雄蛇ヶ池はなかまたちの努力の甲斐あってブラックバスが順調に育ちはじめ、日本最初期の野池のバス釣り、リリーパッドのバス釣りの栄誉を担うことになる。二十年のむかし、すくなくとも低地の野池ではまったく未知の魚だったブラックバスの、生態とその環境への適応や影響をしるためにはじめた〝標識放流〟（いまは〝タグ・アンド・リリース〟などとカッコよいことだ）は、こんにちのめからみれば、その方法論こそ稚拙の誇りをまぬがれえまいが、とうじの我われにとって、それはかりしれぬ知識とよろこびだった。げんざいＪＧＦＡ※のＴ＆Ｒ※実行委員長のＷちゃんなども、この草分けの標識放流に参加したひとりで、そのころからのなかまとしては、のちのかれの活躍の蔭に、あのころのことが脳裡をよぎったこともすこしはあったのかな、などとおもってしまう。

ここまでかいてきて、盛んな緑の夏の山釣りとともに、水草たちがビッチリと水面を覆いつくす、噎《む》せかえるような真夏の野池の雷魚釣りやバス釣りのことを、あの圧倒的な白一色の、雪魔の南極内陸一年半の越冬ちゅう、どんなにか激しく冀求《ききゅう》していたかをいま懐かしく、まったくなつかしく憶いだす。極域のひくい太陽が地平にかおを隠すことなく、いちにちぢゅう頭上を繞る夏が二ヵ月もつづくはんめん、これまたいちにちぢゅうお陽さまのかおを拝むことのない闇が二ヵ月ちかくもつづくかの地だった。おまけに我われの棲処《すみか》は三棟とも屋根まで雪面下に埋もれてしまっている。そんな穴倉で聴こえるものは、吹きはじめると一週間から十日はまったく衰えることなくつづく、凄まじいエネルギーの極ブリザードだった。三〜四〇メートルという小型台風なみの風速で吹きまくるこの白魔は、針の穴ほどのすきまからでもみるまに家屋内に雪の小山を築き、膨大な量の外デポ物資をも半日ともたず埋もれさせてしまう。

そんな倒壊したり埋没したデポ品を、薄暗がりのなか、完全武装で家外《そと》にでて、強力《ごうりき》印のスコップで懸命に掘りおこすとき、裡《うち》に激しく湧きあがるおもいがあった。

またソトに哭《な》きすさぶブリの音をききながら、なんにちも鬱鬱とすごす基地のなか、たのしみは旨い酒とうまい莨《たばこ》だ。酒といえば択びにえらんだ吟醸をしこたま仕込んできたし、乾いた冷たい空気のなかで喫《す》うパイプときたら、もうこのためだけで、なんどでも南極に来たいとおもわせるものだ。だい好きなロバート・ルイスの№１２３ミクスチュアを燻《くゆ》らし、南極《ここ》でそのほんとうの醍醐味をしったアルマセニスタ・シェリー（年経た生一本の辛口シェリー）のアモンティヤードを口に含むと、いささか陶然とした酔いがやってくる。広くもない基地の食堂では、これもここで味をしめた五〇年代のジャズが鳴っている。こんなときなんだ。あの湧きあがる想い、緑の川辺へのおもいに満たされるのは。マッコイ・タイナーのサテンドールの一曲を聴きたまえ。玉を転がすようなピアノのコロラチュラのフレーズは、なんだか踊り流れる渓流のせせらぎをおもわせるではないか。ま、これはおもいこみが少少つよすぎるにしても、極地のながく重くるしく沈みこむような冬に、いつのまにか身体がリズムをとっているジャズのスイング感は、なんともよき慰めだった。

さて、巨匠とすごした久しぶりの緑の川辺のいく日かは、細身のフローティング・ルアーのあそびを堪能したが、そこはむかしとったなんとやら、いくつかのスプーン（曇りはピカールで磨いてね）を携えるのも忘れはしなかった。

スプーンはむろんあのなつかしの〝ランカー※〟。ランカー・フェバリットの名附け親として、また海、川、湖と幾多のランカーの釣りシーンをともに歩んだものとして、久しぶりに開ける玉手箱、ひさしぶりのルアー釣行、それを携行するに吝かでなかった。

よく尻を振る独特のランカー・アクションは、そんなブランクをものともせず、いまもむかしもよく魚を捕らえた。山女魚《やまめ》はいまも〝赤金※〟がお好みだったし、岩魚《いわな》はやはり〝緑金〟をえらんだ。ちなみにとうじブラウン鱒は〝茶銅〟や〝闇鴉〟でよく釣れたし、虹鱒は〝赤金〟〝緑金〟ともにどちらもすきだった。海のフッコやスズキには〝ブルー・マレット〟をよくつかったものだ。

ランカーとともに釣った憶い出はまったく数おおいが、いまこうして、この澄んだ水の流れる岸辺にたって、ヒラヒラと泳いでくるこのルアーをみつめていると、憶いはいっきにあのころの川畔、湖畔へとタイムスリップするようだ。

そのひとつ、秋田県の米代川の上流に森吉ダムという人造湖がある。支流の阿仁川のそのまた支流の小叉川を堰き止めてできたこの山上湖は、そののち、流れ込みの六郎沢に放した山女魚がもとになって、湖産の桜鱒でしられるようになる。

しかしあのころはダムもできて十数年がたって、小叉峡への遊覧船は動いてはいたが、釣り師の影もなく、ましてや金属片《ルアー》で湖水や沢を荒らしたのは、はじめてのことだったとおもう。とうじはむろん山女魚いぜんで、湖には巨大な岩魚と鮠《はや》が棲むだけだった。

流れ込みのひとつである小叉峡は上流域をノロ川とよび、三階の滝から下流は峡の名のとおりの奔流。上流ノロ川はその名が示すように、一轉、平らかな広大な橅《ぶな》の森を蛇行する神秘境。小叉峡は三階の滝までの二キロほどをナメの岩盤が被い、そのなかを水流が掘割のように裁ち割って流れくだる。とちゅう、いくつもの甌穴《おうけつ》※がみられ、観光名所らしくそれぞれに名がつけられている。そんなひとくさい処だったが、ふしぎと魚はおおかった。ダムサイトの職員（かれらと親しくなり、船外機附きのボートを借りていた）によれば、渇水期の夜突きに大物が数おおく捕られるそうだが、釣りびとはなぜかすくないという。じっさい、船をつかわなければ各流れ込みにはいれないせいか（無理をしてむかしの森林軌道の跡を辿ればよいのだが）、沢にも湖にも釣りするひとをみたことがなかった。そんな理由《わけ》で、それぞれの甌穴には二尺を超す岩魚が潜み、まいかい渓流用のライトタックルでスリリングなおもいをさせてもらった。もっとも悔しがることのほうがおおかったけれど。

　この三階の滝以遠もしばらくはゴルジュがつづき、右岸に杣道があるとはきくものの、手入れがわるく荒れており、手掴み捕り放題の岩魚のはなしとともに、上流ノロ川は神秘境の名をほしいままにしていた。ダム下の平田《べた》の大印沢・東の又沢からの林道の尾根越えでこのノロ川にはいれるようになるのは、しばらくのちのはなしである。

　そんなころ、森吉山の尾根越えでノロ川上流へ入渓した憶い出は忘れられない。いまでこそ森吉山もスキー場ができたり、林道が縦横に通ったりでなさけないありさまになってしまったが、とうじはあの白神山地とともに知るひとぞしる隠れたる秋田の名山だった。その白神の青森県側どうよう、鬱蒼という漢字そのままに千古不伐の橅の森がひろがり、その緑の森のなかを澄んだ浅いながれがゆったりと蛇行を繰りかえしていた。どんな浅い水たまりにも岩魚はいたし、源流とはおもわれぬほどカタもよかった。ちいさな金属片に無邪気にかれらは反応し戯れたけれど、もうそんなことはどうでもよくなっていた。この原始境に幕営し、このひとしれぬ自然に浸りこむことにむちゅうだった。

　釣りびとにはいつまでたってもやはり数の欲しいひとと、大物釣り（必然にむつかしい釣りになる）やハッチ・マッチ※の釣り、あるいは困難な流れを克服することをよろこびとする派とがあるようだ。前者は極論を云えばアラスカやカナダの辺境、あるいはこのノロ川のように、竿のはいらない打出の小槌のような処が理想なのだろうし、後者はますますむつかしい釣りにオノが心血を注ぐようになる。そのどちらでもない者、間詰めの一刻だというのに、ボウっと流れをみつめパイプなど燻らしているようなものは、そもそも釣り師とは云わんのです。

　そんな乾柿《ほしがき》釣り師にも悔しいとおもうときはある。ノロ川下流域のとある浅いちいさな淀みに、いっぽんのふとい丸太が這入っていた。なにげなく落とした三番のランカーに、その倒木の翳にいたべつの丸太が反応した。さいしょはユラリとその黒い影はうごき、そのあと巨魚にしてはいがいに素速いひと櫂でルアーを追った。しかし、悔しいかな、その溜りはあまりに狭すぎ、愛しのランカーはすぐに空中に踊りでてしまう。かれは帰路じつに悠悠と倒木のしたに身を潜めてしまった。このときほど浮かぶルアーが欲しいとおもったことはない。しかし、とうじそんな技はしられておらず、むろんのことわが身もしらず、こんにちのような細身の精巧なフローティング・ミノープラグ※など望むべくもなかった。

拡散型の人間と収束型のにんげんがあるようにおもう。水平志向と垂直志向、あるいは飛躍して海彦、山彦とでもよべようか。この伝でいけば沙漠も極地も海である。極地の大雪原にかおをだすヌナターク（孤立した岩峯）はさしづめ絶海の孤島とみられよう。南極男は水平志向がつよいはずなのに、どこでどうまちがったのか、垂直志向の男が南極へきてしまった。

タクラマカン沙漠とその涯方《かなた》に聳える天山のやまなみに憧憬しながら、こころはどうじに箱庭的ともいえる可愛い日本の緑のやまを想っていた。葛藤するこころはだがいつも、きまってちいさな完結した世界のほうに振れようとした。ひとりの男のこころは、いつもこういった対立世界に悩まされている。そして止揚をもとめるココロがある。

かたいはなしはさておき、山彦がまだ海彦のココロをもっとたくさんもっていた頃。そのころよくスプーンをもって近所の海へでかけたものだ。

ちかくの、港がある海辺。澪《みお》のカケアガリに手漕ぎの貸しボートを止めて、親父と弟と三人むちゅうになって初冬の落ちの尺鯊《はぜ》を釣った少年の日。そして我を忘れたあまりに、ボートが傾《かし》いで三人海中に投げだされた、冷たくもなつかしい憶い出。そんな淡い情緒ののこる少年の海へ、これまたなんとも即物的なルアーなる金属片を投げ込もうとは。それから十数年がすぎた青年の微笑ましき発憤とお嗤いください。

貸しボートを自前のゴムボートやカヌーに換えて、沖の防波堤へあがってはルアーを投げた。鱒用の軽《ライト》タックルでランカーやトビーをつかうと、四〜五〇センチのフッコは少少興奮する遊び《ゲーム》となった。しかし魚たちはあまりにもすなおに応えてくれた。ルアーを奇想天外なバスプラグに換えても、この無邪気な魚たちは反応した。だがそれはしょせんスナドリでしかなかった。ルアー釣りそのものが曙だった時代、この稚拙な青年たちにそれからの進展を期待するほうがムリだったろう。そして、それいじょうゲームをおもしろくすることなく、漁《すなどり》の時代は去った。またそれは皮肉にも、商業的なルアー船というものの幕開けにつながっていった。

相手がすこし賢くなったほうが釣りはおもしろくなる。なんというわれらの独善、傲慢、身勝手！　この〝時代の毒〟に侵されていなかっただけ、愛すべきそのころだったともいえよう。

しかし好むとこのまざるとに拘らず魚たちが賢くならされてしまったいま、この釣り師永遠の哀しき逆説《パラドックス》は、われらの身ぢかなものとしてある。釣りびとたちはこの逆説の狭間で釣りをしているのだ。

こむづかしい理屈はやまから帰ったらまたかんがえることにして、大島亮吉のバドミントン・スタイルをまね、ちょっとむかしのを形《なり》して、古なじみのルアーをなん個かポケットに捻じ込んで、渓の山女魚とあそぶため緑の川辺へでかけよう。

※ **ルアーの釣り**＝淡水海水を問わず、肉食魚のエサとなる小動物（主として小魚）を模して造った疑似餌（ルアー）を使ってする釣り。

※ **プラグ**＝魚のエサとなる小魚、カエル、ネズミなどに似せて造った木製あるいはプラスチック製のルアー。

※ **ウィードガード**＝ウィード（藻）が鉤先にかからないように工夫した仕掛けのこと。しかし、ウィードガードを強化すればするほどフッキング率は悪化する。

※ **スプーン**＝食事用のスプーンに似たアールを持たせた金属製のルアー。

※ **JGFA**＝ジャパン・ゲームフィッシング・アソシエーション。

※ **T&R**＝タグ・アンド・リリース。　標識放流。

※ **ランカー（ランカー・フェバリット）**＝スプーンルアーの商品名。

※ **赤金 etc**＝スプーンの金属表面のペイント模様、色、メッキ処理によるタイプ名。

※ **甌穴**＝河川の侵蝕作用によって生じる急流の河床の岩石面に出来た鍋状の穴。ポットホール。

※ **ハッチ・マッチ**＝カゲロウその他の水生昆虫の羽化《うか》（ハッチ）に合わせて同種の毛鉤（フライ）を択んで釣るフライフィッシング。

※ **フローティング・ミノープラグ**＝水面に浮くタイプの小魚（ミノー）を模したプラグルアー。

その7・緑の川辺で

雪と氷ばかりが涯てなくひろがる不毛の極地に一年半も暮らして、なつかしい日本の山河ばかり憶っていた。そして眼前にはいま、夢にまでみた豊かに流れる川と、うっすりと霞む緑の山山がある。

なにを求めてどこからやってきたのだろう。二羽のアジサシが風渡る水面《みなも》をたかくひくく翻っている。すぐに、ついこのあいだまでいた南極の海と空を憶いだしていた。鉛色の空とにびいろの氷山をバックに、鋭い飛翔を繰りかえしていたキョクアジサシを。

ここちよいやわらかな土手の芝草に腰をおろして、やわらかな、香りたかい吟醸を口に含んで傍らの友が云う。「釣り師には二手あるね。オレみたいに好んでムツカシイ釣りや大物にのめりこむ奴と、なん年やっても数ばかり欲しいヤツとがさ」。それもよかろう。咽喉もとまででかかったことばを呑みこんだ。こっちのように、数に執着があるワケでもなく、技《ワザ》もほどほどでいいっていう乾柿《ほしがき》釣り師（蔕《へた》なりに固まった）もいるゼってね。でも口にだすのはやめた。オマエはもともと釣り師じゃあないんだよといわれるのが、めにみえていたから。それもまたよかろう。こちらも香り酒を口にしながら、うっとりと緑の夢想に沈む。

ささやかな川辺のキャンプはたのしい。その土地の酒と、痺れるようにつめたい沢水と、その沢水でキリリと締めた地の蕎麦さえあればほかになにもいらない。

それはほんとうに貧しい食卓だけれど、そばにはなんでも遠慮なくかたれる友がいて、榾柮火《ほだび》と酒にほてったじぶんがそこにいる。こんなたのしい野営はまたとない。

その夜の酒は、これは地の酒ではなかったけれど、南極五十七銘吟醸のうちでもとてもすきだった山陰島根の〝豊の秋〟。細かく綴れ錦を織りあげたような、繊細微妙なこの酒のもちあぢはいつも飲むものをうっとりさせる。焚火の遠火で焼いた油揚げ（ほどよく油が落ちて、こいつコタエられない）を肴に、酒に釣りにはなしがはずむ。

相方（敵娼《あいかた》にあらず、誤解なきよう）は、きょうまでに五〇センチを超す虹鱒や尺をこす岩魚を、テトラのしたから引きずりだしている。とうぜんかれの鼻息は荒く、しばらくはかれ一流のプラグ論をご拝聴と相成る。なかでも、後刻その効果にめを瞠ることになる、渓流のトップウオーター・ミノーイング論をひとくさり。

かたやこちらは、つかっているミノープラグとさしておおきさのかわらない何匹かの山女魚と岩魚にあそんでもらっただけ。とうぜん士気はいちじるしく劣り、しかたなく南極でたのしんだ五十七吟醸のことをボソボソと声ひくくかたるのみ。むろんひとの喰ったり飲んだりした食い物や酒のはなしほどシラケるもののないことは、当方百も承知の助なのだよ。けれどこればかりは致しかたない。現実は結果として、クヤシイけれど眼前にある。

テトラのしたから引っぱりだすなんて品のない釣りはオレの趣味にはあわねェとか、ダウン・アンド・アクロス、U字理論これが正道、キラキラで誘ってシモでドン！が口癖じゃあなかったのとかね。しかしすべてこれ犬の遠吠え。めのまえの旨酒だけが救いだ。たのしくもつらい野営の夜は更ける。

そいつはとつぜんやってきた……ワケではなかった。そのときなにか予感がしていた。二〇〇メートルはつづく太い流れの渕頭にたって、その落ち込みをみていた。おおきな魚が白泡のなかから下流に走ったようだった。とっさに走る魚の鼻先にルアーを投げた。

なんの反応もない。

流れにそうて二〇メートルほどくだる。左岸は玉石の河原でひかくてき歩きやすい。少少アップかクロスストリーム※気味にルアーを投げる。糸フケをとって、竿先を震わすだけで、九センチのバルサミノーは魅惑的に身悶えする。対岸ちかくでキラキラと銀いろに光るのがよくわかる。

すぐにミノープラグは流れを横断しはじめる。リップ※がほどよく流れを捉え、とりたててアクションをつけずとも小刻みに身を震わす。よほどバランスがよいのだろう、つよい流れのなかでも完璧に水中にその躰を持する。流れから飛びだすなんてことはまるでない。

なん投目だったろう。銀いろをしたバルサミノーが流れを泳ぎおわり、足もと一五メートルほどのところにきていた。

水面ちかくがギラリとおおきく光り河面が波だつとどうじに、2ポンドテスト※の細いグラスロッドは、胴のちかくからおおきく曲がってしまった。それは重いおもいアタリだった。その重さだけを手元にのこして、魚はしばらくうごかない。

そいつはジリジリ・ジリジリとドラッグ※を引きだし、竿を手にするものをシモヘシモへと引っぱっていく。しかし、おもったほど強烈には暴れない。その巨大な体躯を重い流れにのせて釣りびとを引きまわすばかりだ。

渕尻は幅ひろいザラ瀬がはじまっている。そこに乗られてしまったら、この細い竿と糸ではとてもとれない。しかしこの細くやわらかな竿がぎゃくに幸いして、魚はつよい違和感をもっていないようだ。だが、魚はあい変わらず下流へと走る。しかたなく、ヤツの意志のままに河原の移動をよぎなくさせられる。

リールのドラッグ音が、ファイトのかたちこそちがえ、二ヵ月まえのタスマニアのブラウンと渡りあった興奮に駆りたてる。しかし、魚が滅法な暴れかたをしないということは、サイワイなことではあったが、またそれはヤツがいつまでも弱らないことをも意味する。すこし焦ってくる。

あと五〇メートルとザラ瀬がせまってきたところで、ポンピング※しながらゆっくりと寄せにかかってみる。

重い。

澄んだ流れのなかでギラギラと身を捩《よじ》り、大物特有のほんとうに鈍重なファイトだ。取り込みを意識したところで、ハッとして友の名をなんども大声で呼んだ。しかし離れたところを釣っているのか、なんのへんじも返ってこない。

なんどめかの寄せで、意を決してランディングにかかる。ソッと魚を浅瀬に導き、すばやく口許のプラグをつかんで河原の玉石にほうりなげる。

おわった。それは呆気ないほどにかんたんな幕切れだった。

おおきい魚にはほそい竿。このパラドックスの正しさがしみじみと胸に湧きあがってきたのは、程へたのち、莨に火をつけようと土手の青草にどっかと腰をおろしたときだった。震える手がパイプの縁を焦がしたことで、ようやく昂ぶったオノレをそこにみた。

バルカンの№７５９ミクスチュアの濃い烟りが、真昼の川の岸辺をゆっくりと流れた。それは銀いろに光る、久方ぶりの二尺の山女魚※だった。

遥ばる遡ってきた桜鱒（二尺山女魚）。
口元はミノープラグ

※　**アップストリームキャスト**＝流れる川に向かって立った位置から上流対岸にルアーをキャスト（投げる）すること。

※　**クロストリームキャスト**＝流れる川の正面に向かってルアーをキャストすること。

※　**ダウンストリームキャスト**＝流れる川の下流に向けてルアーをキャストすること。

※　**リップ**＝プラグルアーに動きを与えるために取り付けたプラスチックや金属の小片。それが引かれることによって水をとらえてルアーにアクションをつける。

※　**2ポンドテスト**＝使用する糸に荷重をかけて切断されるときの値で、釣り糸のつよさを表す。ちなみに2ポンドテスト（約一キロで切れる）とは、ルアー釣りでつかわれるライン（釣り糸）ではもっとも細くよわい糸。また、つかうラインによって竿（ロッド）のつよさもかわっていく。

※　**ドラッグ**＝釣り糸が切られぬように魚の引きのつよさに応じて、リールの糸巻（スプール）が逆転し糸を吐出す装置。ちなみにこのドラッグはキケンなモノに非ず。

※　**ポンピング**＝リールにラインを巻きとるときにちょくせつハンドルで巻きとらずに、昔の井戸ポンプのように竿を上下させて、そのときにたるんだ糸だけを巻きとる操作。竿にも糸にも余分な負荷をかけない方法。

※　**二尺の山女魚**＝このばあいは遡河性の桜鱒のこと。

その8・ワインと鱒釣りの島

ローランドの川もハイランドの湖も、おもなメイフライ（オージー流にいうと〝マイフライ〟）の羽化《ハッチ》はおわってしまっていた。

三月の下旬、タスマニア島の鱒の釣期ものこすところ僅かで幕を降ろそうとしていた。じっさい、セントラル・プラトウの湖面には、散発的に小型の濃いグレーの蜉蝣《かげろう》の羽化がみられるだけで、初秋の風が淋しく冷たく吹きわたるばかりだった。ジョンにいわせるといまはテレストリアルの時期にあたるということだったが、ここ数日来のハイランドの天候不順で、それらしき陸生昆虫のすがたはすくなく、このほうもまた希みはうすかった。

それでも数すくない蜉蝣《メイフライ》のハッチに賭けていた。なんといっても、南極で越冬ちゅうにみる夢は、自作のドライフライ※に誘惑される巨大なオージー・ブラウンだったのだから。そして結果的には、モンスターとよばれるヤツこそでなかったけれど、グッドコンディションのブラウン鱒のパワフルな遁走を十二分に満喫することができたのだ。

好漢ジョン。タスマニアでは著名なフィッシング・ガイド

南極での一年半の越冬をおえて、ひと月弱の極洋の航海ののち、オーストラリア・シドニー港に着いた我われ隊員には、一週間ほどの休暇が与えられていた。

シドニー湾ウールームールー埠頭に観測船〝しらせ〟が着いたとき、家族の出迎えというウレシイおまけがついていた。ほかに出迎えるものもない閑散とした軍港の埠頭に、十歳と五歳になる娘たちと女房が手を振っていたのだ。英語も話せぬカアチャンは、愛しのトウチャンに逢いたくて矢も盾もたまらず、九時間も恐ろしいジェット旅客機に乗って勇敢にもやってきたというワケなのだ。

ま、しかしこれはあくまでこちらの側の希望的観測でありまして、じっさいのところは、いま流行りというオーストラリアへ、買物観光旅行にでもいってみんべェか、さいわいトウチャンは官費で出張中、ひとり分の旅費が助かります。これが本音でありましょう。〝しらせ〟がシドニーに着く一週間もまえからやって来ていて、ショッピングだグルメだ動物園だとハシャギまわっていた事実が、冷酷にこのことを裏書きしているではありませんか。

こちらはそれなりにむろん目算はたてていた。タスマニアの鱒釣りとオーストラリアの葡萄酒である。釣りとどうようにワインのほうも、まずまずのアタリをつけて帰国できたのは倖いだった。ご当地タスマニアにも愛らしい三、四のちいさなワイナリーのあるのをしっている。たのしみなことである

ちなみに、チリ・アルゼンチン・南アフリカ（ケープ・ワイン）もおもしろそうである。南半球のワインは北半球とおなじ葡萄品種をつかっても、なにか得体のしれぬ大モノのでてきそうな予感がある。その土壌にしても気候風土にしても、北半球のワイン地帯とは隔絶したものがあるからだ。このなかでケープワインには、こんかい南極第二九次行動のさい、ケガ人（のちにふれることになるクレバス転落事故）をケープに移送するときに、僅少の間ではあったが、あいまみえることができた。

南半球のワインは未知の部分のおおい世界ではあったが、ケープタウンの本屋で手にいれた大判の豪華なケープワインの本をみるに至って、この国のなみなみならぬワイン事情の一端をしりえた。またじっさい、いくつかの興味ぶかいワインを得ることができた。蛇足ながら、南ア共和国はドラケンスバーク山中に、おおくのすばらしい鱒川をもっている。鱒釣りとワイン、ここもまた訪れてみたい処ではある。

妻や子供たちもみんな、ここではまったく寛いでいた。こころたのしきヒュッテン・レーベン。※〝アーサーズ・レイク〟（ご当地流にいうと〝ライク〟）の畔に建つジョンの板張りのちいさな釣小屋《キャビン》。暖炉にはガムツリー（ユーカリプタス）の太い薪がチロチロと赤い舌をだして燃える。

子供たちはさっきみてきたホンモノのワラビー（小型カンガルー）やタスマニアン・デビルのはなしに夢中だ。湖からこのキャビンまで、かれらは夜になると平然と道路にでてくる。ジョンのランクルのヘッドライトに次からつぎへと照らしだされる。それはまったく夢のようだった。とうぜん道路上にころがるかれらの屍体も、日本の路上の猫の比ではない。子供たちもそのはなしになると幼いかおを顰《しか》める。むろんジョンは慎重に動物たちを避けて運転する。みあげれば、走りすぎる木ぎの梢を掠めてわたる雲の切れ間から、なじみのうすい南半球の星たち（越冬ちゅうにはずいぶんとお馴染みになったのだが）がチカチカと瞬いていた。

妻とジョンのワイフのシェリルはほほえみながら子供たちのはなしにうなずいている。もっとも、おたがいにことばの通じあえない彼女らとしたら、じっさいは微笑みあうしかないんだけれど。ふたりともさっきから飲んでいるタスマニアのリースリングのせいで、暖炉の焔にほてった頬が赫い。うまくことばが通じなくとも、ふたりともとてもたのしそうだ。榾柮火もワインも、まったくひとのこころを和やかにさせる。

男ども四人は妻子そっちのけで釣りや猟（いまは鹿猟のシーズンの由）や酒のはなしに余念がない。ジョンの釣友で釣具店主のジム・アレン。それにジムのちいさな釣り友達で大農場主の息子、十六歳のナイスガイ、ティムの四人だ。

さっきから聴きとりにくいオージー英語に困惑しながらも、豪州のリースリングへの不満をなんとか説明しようとしている。いま飲んでいるワインは州都ホバートのワイナリー、ムーアリラ・エステートの八七年リースリングだ。ちなみにムーアリラはローンセストン近郊のパイパーズ・ブルック、ヒームスカークの二場とならんで、傑出したピノ・ノアやシャルドネを醸すちいさな蔵だ。

リースリングは国外へでるとライン・リースリングとよばれるように、ほんらいはモーゼルやラインガウのワインでゆうめいな独逸の葡萄品種だ。

ラインワインはその北に偏した気候風土のために、じつにゆっくりと熟成にむかう。それゆえに繊細複雑な味香をもつようになり、酸味と甘味の絶妙なバランスをこそ身上とする。それがまた瑞穂の国の味覚にたいへん愛されてしまった。ところがどうしたことか、オーストラリアでは（カリフォルニアやケープもまた）リースリングを片っぱしからドライに造ってしまう。温暖な気候のために、ほっておけばアルコール度数のたかい辛口のワインになってしまうのは判るのだが、シャルドネではよいほうに寄与した（たとえばシャブリをみよ）この性格も、ことリースリングでは台なし、やはり酸と糖との調和をこそリースリングには求めるものだ。

いぜん、この不満をシドニーのオーストラリア・ワインセンターの主幹、ドゥーガル・ロバートソンにぶつけてみたことがある。だがかれは、こともなげにこう云った。「我われはこのほうが好きなのだよ」と。

おもいあたる節があった。ゲルマンはがんらい森の民族であるという。その暗く湿った北方の森の文化は、やさしく繊細な、ひ弱ともいえるワインを生み育てた。それが潤い豊かな緑の島国の民である我われに、とてもしぜんに受けいれられた。日本人の独逸文学、独逸音楽好きがこれを間然するところなく説明している。

いっぽう、暖かく乾いた南国の人びとは、こういった味香をよろこばなかった。ドライで明るく、爽快な酸味をこそかれらは求めた。じっさい、これらの国ぐにのリースリング・ワインはそこの棲みびとの嗜好に合っている。"レイト・ハーベスト"（晩摘甘口）のワインはかれらの主流ではないようだ。それならシャルドネやソーヴィニョン・ブランというすばらしいワインをもっているではないか！　これら異質のリースリングに戸惑いながら、たまらなく、ほの甘いラインワインがなつかしかった。

ジョンは鱒釣のほかにボーンフィッシュやマーリンの釣りもするけれど、ハンティングもことのほか好きで、ほんとうは釣りよりも好きじゃないかとおもうくらい。

グッドコンディションのブラウン鱒。パワフルなファイトだった！

この日本からの家族と四日間遊んだあとは、一週間ほどイースト・コーストのレインフォレストでディア・ハンティングという。かれの熱心な語り口とうれしそうなかお、キャビンの壁にはご自慢の獲物のトロフィーが。

愛犬のジャーマン・ポインターについてもひとしきり。そこで、こちらも負けじと、日本の友人Ｎのイングリッシュ・セッター（イギリス人の趣味のふかさとともに、Ｎはこの犬に心酔している）のことや、銀山湖の山小屋のオヤヂＳさんと、正月の雪ふかいなか、越後の山中をかれの犬替りとなって、ヤマドリや兎を追い廻したはなしをする。

ジョンはイングリッシュ・セッターについて、なにごとか感想を述べたり褒めたりしたあと、ひとこと云った。「オレの犬は泳げるけれど、あれは泳げないからナ」だと。かれはセントラル・プラトーのラグーンで鴨打ちもやるのだ。後刻、このはなしをＮにしてやるときの、かれの悔しそうな顔がめにみえるようだった。

きょうの釣りはこちらとジョン、ジムとティムにわかれて、フィッシング・コンペと洒落た。第一ラウンドの岸からの釣りは、〝リトルパイン〟はじめどこも釣りにならなかった。

風がつよく、漣《さざなみ》が湖面を乱していた。それに、まだ夏のおわりだというのに、南極颪《おろし》が高地の湖に雪まではこんでくるのだ。

ラグーンとよばれるこれら極端に浅い湖は、温度の変化に敏感で、湖面に風でも吹きわたろうものなら、それでなくとも密やかな鱒たちのテーリング※は、まったく視《み》づらいものになってしまう。

タスマニア全島には大小無数の湖沼が三千以上もあり、そのうち二千を超すものがセントラル・ハイランドに集まっているという。おおきな湖も幾十かはあるが、そのたいはんは遠浅でちいさな湖沼群だ。〝ライク〟（湖、レイク）とよばれたり、〝ラグーン〟といわれたり、あるいはうんとちいさな池は〝ターン〟などとよばれる。

そして、これら無数の湖水には、そのほとんどすべてにわたって鱒が棲むといわれ、釣り師の竿のはいっていない水域も、これまた無数にあるという。さいしょ、この謎が解けなかった。ヘリコプターで種苗を撒いてでもいるのか、ともかんがえてみた。ひとが地上から放流するにはあまりに苦労がおおかろう。ジョンにきいてその理由《ワケ》がわかった。鍵は冬の降雨雪と春のフラッドにあったのだ。このおおくの湖沼は細いクリークで網の目のようにつながっている。ふだんは水が細かったりなかったりするが、春の氾濫《フラッド》でみなつながり、なかには一面の洪水でひとつの、おおきな湖水と化すものもあるそうだ。そのなかを生まれてまもないフィンガーリングは自由にゆきするのだろうか。

庭の池ほどのターンにもルアーやフライをしらない巨大なブラウンが棲む、そしてそんな池がゴロゴロある！　ジョンの秘蔵の湖沼やそこに辿りつくための苦労ばなしはまたいずれ。

ともかく、ラグーンの釣りに完敗した我われは、ジョンのホームグラウンド、アーサーズ・レイクに舞い戻る。そしてジムとティム、ジョンと自分が組になってボートにのり、湖の西岸ハイドロ・ベイに出撃する。ここではじめて場面は冒頭に戻るというわけだ。

ジョンやジムが手慣れているのはとうぜんとしても、一年目のティムもなかなか巧みにラインを捌いている。そしてみないちように遠投げしない。ループ※もワイドでフォルスキャストもすくなく、ソフトな着水をこころがけているようだ。そして日本からの釣り師はといえば、さいしょのうちこそ力みすぎてラインが走り、すこしとおくへ投げすぎるようだったが、すぐにその理由《ワケ》がわかって、やわらかなプレゼンテーションに切りかえる。ジョンもこちらの遠投げを「ベリ　スキルフル！」とかいって褒めてくれるが、むろん自分のキャストをかえようとはしない。

　岸からの風を背中にうけて、ボートはゆっくりと沖へ流される。投げられた毛鉤はほとんどうごかない。毛鉤にちか寄りすぎると、ジョンはまたボートを岸に戻す。ワンドの奥は藻のおおい浅場だ。

　ボートのみよしのすぐちかくで、微小な灰色のヨットの帆※がポッとひらいた。ジョンは目敏《めざと》くそれをみつけ、こちらの注意を促す。と、おおきな渦とともに帆が消えた。

「ライジング　トラウト！」ジョンは叫んで、すぐさま場所を交替させる。それで間髪をいれず、日本で巻いてきた16番のカットウイングのロイヤル・コーチマン※を投げる。待つほどもなく、どうようの波紋がたち、毛鉤は消え、つよい衝撃が手元を襲う。しかしそれでおわりだった。鉤先を延ばされた毛鉤が空を舞い、しばし呆然。原因はふたつ。急遽女房にもってこさせた渓流用の細軸の毛鉤は、タスマニアの強力に耐えられなかったんだ。もうひとつ。アワセの間合いに慣れていなかったというワケ。ゆっくりとワン、ツーとかぞえ、スリーであわせろとあんなにジョンにいわれていたのにね。

　タスマニアでよくつかわれる毛鉤に”レッドスピナー“や”ブラックスピナー“、”レッドタグ“などがあるが、みな単純なハックルフライだ。14番か16番のもちろん太軸の鉤に巻かれる。ジョンはレッドタグをつかって、さきほどからいい釣りをしている。こっちだってジョンからご当地毛鉤を貰ってはいるが、だれだってじぶんの巻いたやつで釣りたいものでしょう？

　ジムたちはワンドのはずれの水没した立ち木の群れの沖合いにアンカーをうち、その立ち木のなかで起こるハッチを、やはりドライフライで狙っているようだ。ときおり舌打ちの叫びが聞こえてくるところをみると、ヤツらも鉤がかりさせられないでいるなと、ジョンと顔をみあわせニヤリとする。

幼い娘がルアーで釣ったブラウン。ひとりでよく頑張りました

リトルパイン・ラグーンでのテーリングの釣り。風と雪で完敗す

ひとのことはさて置き、こちらもめげずにみにくい水面を凝視する。ジョンは湾のなかでも風の影響のすくないポイントに船を操るのだが、クジャクの胴に茶色の蓑毛のちいさなハリでは、いくらポイントがちかいとはいえ、判りにくいことおびただしい。

　蓑毛《ハックル》※をパラリと巻いたパラシュート・コーチマンを咥えて、タジー・ブラウンは岸寄りの藻の密生をめがけてぐんぐんと走る。こちらもそうはさせじと、八番の毛鉤竿で耐えている。さいわい4X※と先糸の太いのが救いだ。しかしつよい魚はつよい竿にはよけいに抵抗と反発をかんずるようで、しょせんそれも釣りするもののこのみだろうが、どちらがよいのか議論の分かれるところだ。

　魚はどうやら逸走を諦めたようで、こんどははでなジャンプを繰りかえす。風化して白い幹を晒すガムツリーの立枯れ木の列に、めまぐるしく走る雲間より射す午后の陽が、明暗の模様を描く。それをバックにジムたちのボート、その左手には広びろとしてアーサーズレイクの湖面が光る。舞台装置は満点だった。はじめてのタスマニア・ブラウン、それも六〇センチにちかい大物だというのに、そんな背景の舞台にまで眸をやる余裕すらうまれていた。

そんな余裕がどこからきたものだろうとかんがえてみる。ながいあいだ釣りをしてきたこともあったろう。つらいこともあったとはいえ、都会の生活とはまったくちがうテンポで、南極の一年半を暮らしてきたこともあったろう。しかしそれよりも、とつづけてかんがえる。この緑山の自然のなかにいる自分が、なんとも穏やかに調和のとれた状態でいるのがよくわかるから……。その緑の山を、雪の沙漠の南極でどんなに恋しく想ったことだろう。

「駱駝が沙漠の舟ならば、５１６は南極のラクダ」（"５１６"はＳＭ50型雪上車の車体番号で当方の愛車）とフシをつけて唄っていた。海と沙漠、沙漠と極地のアナロジー。水平人間と垂直人間。極地の刻のながれのつれづれに、そんな由なしごとをおもいつく。

　やまのぼりというものは、海の釣りにでても、なんとなくいつも落ちつかない。そこはなにか捉えどころがないのだ。そして南極でもその念いはおなじだった。そんな漠たる不安が裡を占める瞬間があった。

だがこの緑の島、高地の湖はどうだ。もちろん故里の盛んな緑、なじみの草木があるわけではない。姿かたちやおおきさはちがっても、そのほとんどがユーカリプタスの仲間で占められているという特異な樹林。森に棲む毛物だって、たいてい腹に袋をもっている奇妙な奴らだ。それでもここには山があり谷がある。緑があって生きものがいる。そしてなによりも、しゃべるコトバに不自由はしても、おなじ念いの、こころのかよう仲間がいる。かたわらのジョンが蜉蝣のハッチにおもい詰め、つかう毛鉤にこころを砕いているのは、おなじ念いのものにはよくわかる。それでこそ此処《ここ》で、ゆったりと寛ぐ。

　鉤がかりした鱒が昼晩い斜光をうけて黄金色に輝きジャンプする。こんどのヤツはマドラー※に巻いたグラスホッパーにめが眩んだ。テレストリアルの時期というわけだ。

　鉤先を折られたり延ばされたりとさんざんだったけれど、ほんとうにたのしいいちにちだった。鱒たちもよくお手製の毛鉤を咥えてくれた。太陽が濃緑のガムツリーの森のむこうに沈むと、湖面には暮れ色がきゅうに濃く漂いだす。竿のむこうには、きょういちにちのさいごの鱒がつよい引きをみせている。

ほんじつのシメはジョンに敬意を表して、かれの巻いた14番のレッドタグだ。それにしても、さいごになってずいぶんと手間どってしまった。テキはちかくまで寄せると、おなじようにつよい力で沖に走る。さほどおおきな魚ではないのになぜ手古ずっているのか、ジョンにはとんと理由《わけ》がわからないようだ。陽が落ちるときゅうに気温もさがり、手が冷たいのだろう、かれはさかんに両の手を擦りあわせている。ほどなくしてジョンのタモに掬われた魚は、背鰭のうしろにちいさな毛鉤をつけていた。

どうやらきょうのコンペは我われの勝ちでおわった。ジムとティムはあわせ損ないがおおすぎたようだ。

さあ、暗くなってしまった湖だ。あとは暖かく炉の燃えるジョンのキャビンにむかって一路平安《イールーピンアン》！　華やかな香りと複雑な味香でいまもっとも気になっているシャルドネ種のワイン、わけてもきょうはムーアリラ八六年を一本あけて、ジョンの得意のトリュイト・ディネ（鱒の晩餐）をやっつけることにしよう。

※**ドライフライ**＝水面上に浮かぶように造った毛鉤（フライ）。ちなみに水中でつかうフライはウエットフライという。

※**ヒュッテン・レーベン**＝いわゆる「山小屋の憩い」

※**テーリング**＝ごく浅い湖（ラグーン）の底にいるエサ（水生昆虫）を捕食するために鱒が逆立ちにちかい状態になったとき、尾鰭（テール）が水面を割って出る。そこをめがけて釣りびとはフライをキャストする。タスマニア特有の釣技。

※**ループ。フォルスキャスト。プレゼンテーション**＝すべてフライ釣りにおいてラインをキャスト（投射）するさいの技術用語。

※**微小な灰色のヨットの帆**＝カゲロウが水面でハッチ（羽化）する様。

※**ロイヤル・コーチマン（コーチマン）**＝クジャクの羽枝でボディ（胴）を巻いたゆうめいな毛鉤。ドライもウエットもある。

※**ハックル**＝鶏の首の羽根を鉤の軸に直角に巻いて主として昆虫の脚を表現する。

※**4X**＝フライ釣りのリーダー（先糸・ハリス）の先端の径を表わす。数字がおおきいほど細くなる。それでおおよそのテストポンドもきまる。ちなみに4Xとは渓流釣りでは太め、湖の釣りでは細めの糸。むろん対象とする魚によって違ってはくる。

※**マドラー**＝主として鹿毛（ディアヘア）をつかって小魚や昆虫（このばあいバッタ）の頭部を模す。よく水に浮く。

その9・時しも季節は秋だから

日中の鈍行列車、その陽だまりの席で、チビリチビリと昼酒を嘗めたり、紅葉にはまだちとはやかろうが、窓外の山川にめを遣りながら旨い莨が喫えたらな、などというおもいで朝晩い家をでてきたのだ。

それがなんということだ。中央線も大月以遠でないと莨《たばこ》を喫ってはいけないという。まさか最悪高尾までだろう、とひとり合点していたのが裏目にでた。まったく、こんなだいじなことを、いっぽうてきに決めてくれるな。

ウイークデーの真昼間、よそうどおり車内はガラガラ。まして高尾すぎれば閑散の二文字だ。休日ではなくとも朝はやくの列車内を占拠する、れいの〝中高年の山歩き族〟ももちろんみかけない。一事をのぞいてすべてが計画のままだ。

中央線沿線の近間の山は、その右側も左も、たいていのところは登った。おなじく川も、たいていの流れは先刻承知だ。てきとうな駅で降り、気にいった小さな山のちいさな尾根の陽だまりで、これまたきにいったパイプをとりだして気儘《きまま》に燻《くゆ》らすもよし、よさそうな川のちかくで下車して、いっとき初秋の渓に竿振るもまたよし。そんなときのために、肩掛けの鞄のなかには、小継ぎの毛鉤竿も忍ばせてある。このような超小継ぎのサオを英語圏では〝ポーチャーズロッド〟（密漁師のサオ）というのだが、なにも密漁しようというんじゃない。ちゃんときょうは漁期のうちなんだ。

そんなこころたのしい期待をもって、肩からさげた釣り嚢《ぶくろ》には、酒やら写真機やらパイプやらちいさなユメやらをいれて膨らませ、昼ちかい時刻、小淵沢行きの普通列車に乗りこんだというわけだ。

まいにち、マイナス20℃のなかで目覚め、マイナス30℃のなかで活動し、またマイナス20℃のシュラフに這いこんで寝る。

南極は夏とはいえ、セール・ロンダーネ山地一周の二ヵ月半の内陸の旅は、そんなまいにちの繰りかえしだった。

雪上車も行動ちゅうは暖房をいれてあるとはいえ、キャンプサイトに着いて露営体制にはいれば、燃料節約のためにそれは切られる。だから、雪上車の後部座席に設けられた四人用ベッドに這いこむときは、外気温とさしてかわらぬというワケだ。そんなとき、腹の底から暖めてくれる玉箒はまたとない友だ。

起きればおきたで、パイプの温もりがかけがえのない伴侶だった。

ふたつのうちのどちらかが欠けても、南極の生活はとても淋しいものになったろう。この二者をともに貪欲にたのしみ、またその実態にふかく逼りたいとおもって南極にきた。などとかけば、きっと顰蹙《ひんしゅく》を買うだろうな。けれどこれくらいの細《ひそ》やかな道楽はどうか許してほしいものだ。研究系の隊員たちのほうの道楽は桁違いだもの。こんなことを平然とかくから、またよけいにヒンシュクをかうのだな。

しかしいずれにもせよ、南極にはそんなたのしみがあり、そして倖いにも、それらをふかく満喫することができたのだけれど。

いっぽう、こういったまったくの異次元空間に長期間身を晒すということは、懐かしむという作用に於いても、とてもよい、つよい影響を与えるようだ。それがひとであれ物であれ風景であれ、そのひとつひとつは宝石のように輝きを増して、それらを憶うことは、ひとつの仕合わせというものを超えている。

ブリザードに吹き篭められ、〝幌カブース〟（南極幌馬車隊の食堂用橇として使用）に蟄居を余儀なくさせられる日び、それは、はじめひっそりと生まれはするが、しまいには痛烈な憶いとなって身裡を占める或るイマージュがあった。

そこはいちめんの狐色に冬枯れた茅戸《かやと》の原。いや小広い尾根でもよろしい。南向きに傾斜するその斜面には、背を凭《もた》せかけるのにほどよいおおきさの岩がひとつ（できればポカポカと暖かい日には、〝トカゲ※〟ができるように、うえが平らだとなおよいな）、その岩翳は朔風からの守りとともに恰好の陽だまりを提供するんだ。そして傍らにはソウシカンバ（もうすこし標高がひくければヤマハンノキだ）の木がいっぽん立っている。颯颯《さっさつ》として風が尾根を渡る日は、凛《りん》とした紺青の空がすっかり見透かせるようになった裸の梢が風に鳴る、カラカラと澄んだ響きを耳にするのだ。

茅戸の原、芒、尾花、なんとも日本の情緒溢れる秋の風物ではある。それが冬になると、すっかり焦げ茶色に枯れるのだけれど、とてももう冬までまてなくて、まだ秋の入り口だというのに山にむかってしまった。

それはほんとをいうと、秋でも冬でも、まだすっかり冬枯れたままの早春でもよかったんだ。それがソウシカンバやハンノキでなくとも、たとえクヌギでもミズナラでもよい。ともかく茅戸の低山を歩きたかったんだ。そして茅に埋もれ、陽だまりに身を投げだして、お気にいりのたばこをこころゆくまで燻らせてみたかったというわけだ。

無人の笹子の駅で降りると、滝子山の方角に足をむけた。間詰め刻《どき》に竿を振ってみようとおもっているのだから、とてもこの時刻からではうえまでは行けまい。むろんそれはしょうちで、それでも大鹿峠の径を辿れば、憶いつづけてきた陽だまりにも出遭えよう。そうかんがえて昔日の記憶をたよりに歩きだした。滝子山の南斜面を不粋によこぎる中央自動車道をくぐると、径は沢とつかずはなれず、頭上の送電線沿いにのぼってゆく。こんな半端な日のこの時間だから、だれと行きちがうわけでもない。曇りの空から薄陽の洩れる、静かなあかるい峪沿いの径。尾花もちょうどいま、恰好に頭を垂れ、これで夜になって満月が雲間をよぎれば一幅の絵だ。車道の終点から大鹿峠のほうにはゆかずに、曲がり沢峠、滝子山への径をとると、送電線が少少邪魔になるけれど、よさそうな休み場がみつかった。さっそく四合瓶の吟醸酒と白磁の唎猪口《ききじょく》をとりだす。

笹子には白州の七賢とならぶ県下の大手蔵〝笹一〟がある。駅と橋のちょうど中間、ここへくる道すがらだ。もちろんいっぽん仕入れてきたのはいうまでもない。

登山道から一歩あがったこの南向きの陽だまりは、ちょうど前山に遮られて笹子川や集落はみえないけれど、うまいぐあいにまた高速道路も隠されている。前山の棚洞山と入道山の鞍部越しに、なつかしの鶴ヶ鳥谷山や三つ峠が望まれる気分のよい処だった。

携帯食に愛用している乾納豆をつまみながら、〝笹一大吟醸一級〟（一級とはふるいネ）を猪口にそそぐ。透明感のつよい淡い色調は、すこしばかり〝炭〟をつかいすぎたか。吟香もさほどつよくなく、ソフトな口当たりの淡麗な酒だ。むろん酸味を利かせている酒ではないので、キレはよわい。あとあぢも喉をやさしくすべり落ちたまま返ってこない。

山梨県は酒蔵の数のおおいほうではない。そしてその酒質はいっぱんにすっきりした呑み口の淡麗型がおおい。しかし笹一や七賢のような大手の蔵ではないが、この酒味を高度に生かして、しかも醇なる酒を醸すちいさな蔵が一、二ある。南極四十四場五十七銘酒のひとつ、〝春鶯囀《しゅんのうてん》の醸さるる蔵〟と与謝野晶子が詠んだという増穂町の萬屋醸造店と、八ヶ岳の裾野、甲斐大泉は谷戸の谷桜酒造だ。

春鶯囀の純米酒〝富嶽〟は爽やかな辛口のなかにも、不二のお山の堂堂たる極味《ごくみ》をもった底深い酒。南極への往路、〝しらせ〟艦上での〝しらせ大学〟に於いて、当方担当の日本酒講座の唎酒会でも、酒好きの海の男たちに好評だった。しかし遺憾なことに、ブライド湾の〝しらせ〟から、内陸一五〇キロメートルにあるわれらが基地〝あすか〟にむけて輸送ちゅう、とある事故に巻きこまれ、こちらの手の届かない処で破損の憂き目にあってしまった。清酒にかぎらず、ガラス瓶の繊細な醸造酒は、とくに注意ぶかい輸送をおねがいしていたのだが……。

事故に巻きこまれた酒はこの富嶽のほかに、静岡県島田の〝若竹鬼ごろし〟とおなじく〝女なかせ〟の三種だった。こころ配りしてくださった蔵元さんには、まったくなんと申しわけしてよいかわからない。しらせ艦上と昭和基地のほうで、みなさんに堪能していただけたコトをせめてもの慰めとせねばなるまい。

もうひとつの谷桜のほうも、キリリと引き締まった、これまた爽やかな呑み口の辛口純米酒。純米にありがちな老ね《ひ》香《か》やもったりした重みなど微塵もない。両酒ともいつまでも呑み厭きしない、呑み助にとってはねがってもない酒味酒香の甲斐の男酒だ。

しかし秋日の午后のちいさな谷間で、ひとり盃を傾けるこの笹一の、気どりない、楚楚とした、控えめでやさしい呑み口は、これはこれでなかなかのものだ。

酒はおおぜいで賑やかに呑むをよしとする向きもおおいようだが、酒はしづかにのむべかりけり、という牧水の心境のほうを採りたいとおもうのだ、こんな静かな秋なのだから。夕間詰めの釣りなど棄てて、このままこの渓の静謐《せいひつ》に埋もれ、白珠の歯に染み透る秋の夜をすごしてみたいという念いとしばらく戦わねばならなかったほど、酒は障りなく喉元をすべり落ちていった。

だがそんな念《おも》いも、おもいがけない理由《わけ》であきらめざるをえなかった。笑わないでいただきたい。気がつくと四合瓶の玉箒も、底を僅かに切るばかりになっていたんだ。さて、ここらが年貢の納めどき、お神輿のあげどきだ。

笹子川の本流はきのうまでの雨のためだろう、うっすりと濁りをいれてうわずり気味に流れている。川もこの辺までくると、ずいぶん細くなってしまっているが、それでも源流の相というより里川の流れだ。両岸とも葦の密生の処がおおい。

国道と鉄道が併走して、おまけに集落のなかを流れる川なのだから、さいしょから釣果のほうは見当がつく。時しもいまは秋なのだから、釣れる魚もこれがほんとうの〝木の葉山女魚〟といったところだろうね。チビヤマメ苛めになるだろうと予想していたから、鉤のカエシはすべてつぶしてきたんだ。

雪と氷の世界から還ってきて、春から夏へと、残務の間をぬっては緑の川辺の畔に足をむけた。そして夏もおわりいよいよ秋だ。しかし日本の秋九月ほど天候の不順な月はないな。残暑をやりすごし、さあこれからとおもうと、もうシーズンはおわりだ。解禁と禁漁をひと月ほどずらしたら、ずいぶんとたのしい釣りができるだろう。

むかしのように穏やかに陽の照る十月の岸辺に立って、紅く染まる山肌に囲まれながら毛鉤が振れたらとおもうのは、やはり魚を減らすことにつながるのだろうね。日本列島は南西から北東に細ながいのだから、桜前線のように西から東へと釣りできる期間を、すこしずつずらしていくなんてのはどうだろう。鱒釣り前線か、どうです情緒ある試みでしょう⁉　しかし西と東であまりズレがあると、なかなか解禁にならない東北や北海道のひとがイライラすると困るから（そのぶん遅くまでたのしめるのだけれど）、その差はひと月くらいが適当なところかもしれない。もっとも、解禁した処へ釣り人が集中するだろうから、これも川を荒らすことになり、やはり酒飲みの戯《ざ》れ言にすぎなかったか。

まあそれはさて置き、釣期のさいごくらいひとり静かにシメようと平日の川辺にいるのだから、もうあまり釣りする時間があるわけではないけれど、こちらはけして釣り急がない。

河原の丸石に蹴躓《けつまず》いてもつまらないから、パイプでも銜《くわ》えてすこし酔いの鎮まるのをまつことにする。

川への降りくちの民家の庭先からそれにつづく畑には、白、桃色、緋色、橙色、濃紅と色とりどりのコスモスはいまが盛りだ。畑の縁には曼珠沙華、めをあげれば、さきほどまでたっぷりとたのしませてくれた笹一の蔵が川に臨んで築《た》っており、川むこうの小学校のグランドでは本日さいごの体育の授業だろうか、子供たちの歓声が伝わってくる。

ラタキア莨《たばこ》にしてはつよすぎない香りの、ロバート・ルイス№１２３ミクスチュアが、静かに子供たちの声の波にのって顔のまえを流れる。森閑として冷えてきた川辺の空気は、いっそうたばこの旨みを増すようだ。

太陽も己が天空の径のいちにちを歩きおわって、この笹子川の流れいづる源、笹子雁ヶ腹摺山の尾根つづきにちかづいた。さあ間詰めの一刻、毛鉤を振ろう。秋の陽は釣瓶落としだ。

川辺に小径はさすがによく踏まれている。しかし葦が繁茂して釣りづらいのか、いがいと蜘蛛の巣がおおい。これはよい兆候だが、おもったとおり釣れてくるのは〝ピンクペッコン〟（村上康成氏の絵本の主人公）ばかりだ。それでも掌にちかいサイズになると、ピシャっという情けない出方から、パシッという小気味よいものにかわるので、なかなか痛快である。

こんなに便がよく釣りびとのおおそうな川なのに、白泡の消えるあたりとその両側とか、瀬がはじまるあたりなど、とても素直なポイントから魚がでる。鉤のカエシがないので、外すのはかんたん、水のなかで鉤と鉤素の結び目を持って一振りすればそれでサヨナラだ。パシッというカタがそれでも四、五匹は釣れたので、小魚いじめはおわりにしてあがることにしようか。六月の二尺山女魚も一匹、九月の六寸山女魚もいっぴきだ。

きょうは玉箒《さけ》と莨《たばこ》と女《やまめ》の三題噺も、それぞれにたのしむことができた。こんなささやかな、まるで箱庭のなかであそぶような日本の秋日を、あの茫漠たる雪氷原が涯てなくつづくナンセン氷原の二ヵ月半の旅の途次、どんなに渇仰しただろう。

或る日の南極日記にかく。「……いま外はマイナス30℃、風速三〇メートルを超す、一メートル先も見通せぬブリザード吹き荒ぶ、ここ南極大陸を行動ちゅうの雪上車の後部座席でいっぷくを燻らせながら、日本の低山の茅戸の陽だまりを想う。それは想うだにこころ安まる、至福とよべる一刻《ひととき》だった」と。

こんな箱庭の至福を渇仰する自分、そして極地の大雪原の広袤にこい焦がれるもうひとりのじぶん。凝縮・収束の世界と膨張・拡散の世界。裡につねに振られつづける、そんなひとつの世界をもっている。

そしていま、渇仰しつづけてきた片いっぽうの世界に身をまかせて、うっとりと酔っているかのようだ。冬枯れの狐色の世界への先駆けとして、山川にちいさな秋をみつけにきた。

だが、この凝縮の世界に溺れたまま、ふと気がついたとき、もういっぽうの拡散・水平の世界の呼ぶ声のつよさが、いつか身裡を揺さぶるときがくるだろう。そのときは素直に己が冀求に身を委ねればよいのだ。いまはまだ、このやさしい揺籃《ゆりかご》のなかで酔っていよう。川辺にはあんなにも淡くやさしいミゾソバの花が咲いていたではないか。

だいいち南極にやさしさの世界があったろうか。そもそも極地とは、かぎりなく非情な世界だからこそ、そう呼ばれるの謂《いい》なのだ。

ヒマラヤ（第三の極地とも呼ばれる）の登頂をおえて氷河に降りついたとき、モレーンの微風に揺れる桜草の群落に慰められることはあろう。南極の内陸でさえ、海岸から二〇〇キロメートルほどのところまでなら、あの可憐な雪鳥の飛翔をみることがある。しかしそれとて極限の世界が一瞬チラリとみせた幻影なのだ。むろんそれじたいは実在のもので、けして幻なんかじゃないけれど、しかしひとたびヒマラヤの山に夏のモンスーンが襲いかかれば、それらやさしい花たちもたちまち厚い雪のしたに埋もれ、冬になればジェット気流が吹き荒れる。南極の大雪原が強烈な〝カタバ風〟の支配下にあるとき、雪鳥はたちまち己が棲み処に逃げこんでしまい、死の匂いがするというブリザードが、昼もなく夜もなく吹きつづく。（もっとも旅行の季節は二十四時間いつも昼間なのだけれど）。

あたりいちめんがホワイトアウトになる本格的な低気圧のブリは、それはそれで嫌なものだが、なんといっても不気味なのは、地上すれすれに吹き荒ぶブリだ。何時までもいつまでも、よわまることなく地上を這いまわり、そのいいようのない不気味さは、チロチロ、チロチロと、まるで数しれぬ爬虫類の白い舌のようだ。まこと死の匂いとは謂い得て妙。南極とは、そんな世界でのサバイバルなのだ

たしかに南極には内外の銘酒を多数持ちこんだり、飽食の南極と悪態をつくくらい食料も豊富だ。のんびりとパイプを一服するゆとりがないわけじゃない。

だが、かんがえてもみたまえ。〝あすか基地〟そのものが隔絶された世界なのだ。〝昭和基地〟からも七〇〇キロメートルほど離れ、いちど越冬が成立してしまえば（しらせが日本に帰ってしまうから）、つぎの隊がくるまでの一年ちかくを孤立無援ですごすことになる。少少の怪我や病気ではだれも助けにきてはくれぬのだ。イノチにかかわるような事態になれば、それでも遠方のアメリカかソ連の基地から救援がくるだろうけれど、しかし当てにはならないな。

大袈裟にきこえるかもしれないけれど、酒をのむのもたばこをふかすのも、いつもそんな状況と隣りあわせなのだ。しかも基地を離れて〝旅行〟にでれば、状況はかくだんに厳しさを増す。

しかしにんげん、気を張ってばかりいては身体がもたない。酒や食や莨はそんなとき、よく気を紛らしてくれる友であるのだ。南極の越冬とは、そんな世界にいつも身を晒す状況がつづく日びなのだった。

さて、きょうのところは、帰りの列車をひとつ遅らせても、のこりの酒を飲みながら、暮れゆく山を眺めていよう……。

※**トカゲ**＝山上の陽当たりのよい岩のうえでトカゲのようにひなたぼっこをすること。

地吹雪荒れるあすか基地。遠景はロムナエス

裸氷のスプーンカットに日中の低い太陽が反射する

その10・南極と十二本のパイプ

まさか月一本つかうつもりというのではなしに、十二本のパイプをかき集めて南極にきた。一週ひと廻り七本という手もあったけれど、どなたかも云っておられたように、七色パンティーみたようで、これはあまり上品な趣味とはいいかねる。

しかし、かの格調たかく高名なる英国ダンヒル社にも〝七曜セット〟なる七本組みが存在し、のみならず〝パイプ・カレンダー〟と称するキャビネット入り三百六十六本（なんと閏年分も含む！）の驚くべきセットもあるやに聞く。もっとも上記七本、三百六十六本の伝でいけば、十二本ではなくして三十あるいは三十一本ということになろうか。

この十二本とて前記かき集めたとかいたごとく、某コレクションの某氏、某某コレクションの某某氏のように、何百本とあり余るなかから撰びとる悩み（たのしみ？）などというものではむろんない。もう恥も外聞もなく、晴海出港まぎわになって、ようやく形だけは十二本が揃ったというしだい。

しかしこの十二本、なんと過半数の七本がダンヒル社製だ。意識してダンヒルばかりおおくもってきたのではない。莨《たばこ》（良い草とかく）の旨さでパイプを択ぶとこうなってしまった。（蛇足ながらダンヒルの数だけみると、グウゼンとはいえみごと七色なんとか、いやさ七曜セットになってしまったよ）。

ここでダンヒル礼賛をながながとやるつもりは毛頭ない。しかしダンヒルのパイプ（それも現在のように同社がなにを売るメーカーだか判らなくなるいぜん、確たる喫煙具メーカーとしての同社製の）は、世人のかんがえるようなステイタスやスノビズム（もむろんあろうが）だけのものではないようだ。

バムセ岩上での一服。珍しく風のない日。莨の烟りは顔前に漂う

越冬一年のために用意したパイプたばこは 50 g 缶で 120 缶。箱はシガー

莨の味の見当がつけやすいし、つかい込むほどパイプの姿に味のでてくるのは嬉しい。銜《くわ》えた口が開きっぱなしになる（?:）と不評のビットの厚みも、ながねんの使用による磨《す》り減りをかんがえた深慮とおもえば、その遠謀に感嘆する。

この七本のうち六本がサンドブラスト（表面を金剛砂で荒らしたブライヤー・パイプ。ダンヒル社ではこの仕上げを〝シェル〟〔貝殻〕とよんでいる。云うまでもなく軽く、しかも疵がつきにくい）であるのは、南極という自然条件をかんがえれば説明の要はあるまい。

しかしこのシェルブライヤーのなかの一本は、また恐ろしくシャンクのながい〝チャーチワーデン〟。しかもそのシャンクがバンブーときている。ボウルはダブリン型4番。

たしかに莨はうまいが、使い勝手のあまりよくないゆいいつのダンヒルだった。したがって稼働率はあまり芳しくなく、南極で閑にまかせて仕込んできてくれと頼まれたＩ氏には申しわけないことであった。

さてここで、パイプ道は釣道（フィッシングあるいはアングリングともいう）、猟道（ハンティングともいう）、酒道（はてなんというのかしら）などとともに、男の趣味だということをはっきりさせておきたい。

趣味の世界には男の世界と女の世界が……はたして女にもあるのかは疑わしいが……（こういうことをかくから女性に好かれない）劃然《かくぜん》としてある。

そして男の趣味は別名道楽ともいい、としとって（一説には六十歳をすぎて）覚えた道楽をひとよんで〝ボネガラミ〟といい、これは生涯脱け出すことのできぬ業のふかいものとされている。

いまはこんな世ではあるから、巷にはパイプや葉巻を喫う婦女子も散見するが、しいて止めはせぬが、これにはなんとも……。

またこれは〝趣味酒道〟のはなしではあるが、酒を呑むおんなもおなじく然り。もっともこのてのオナゴの跋扈《ばっこ》するのはパイプなどの比ではなく、ひとむかしまえ（いや、もっとずっと以前か）のテレビには、空のウイスキー瓶をこちらにむけて構え、「ズドーン！」などとやらかす怪しげなる女性がコマーシャルにでていたのを憶いだすかたもおられよう。

閑話休題（石川欣一流に云えば、こちらのはなしなど閑話だらけで……）。

撫でる、摩《さす》る、吸う、シャブルは男のもって生まれた本能といえる。

幼き日、母の乳房に縋りついていた男たちは、郷愁の念断ちがたく、歳へるにつれますます盛んだ。しかしかなしいかな老母の乳はしゃぶるにはあまりに萎《しな》びれはてた。オカアチャンといえば、くさくてかなわんからちかよるなと、我われパイプスモーカーの扱いはゴキブリいかだ。

パイプ銜えてといえば、いかにもダンディーなさまにおもえよう。しかしパイプマニアは抜きがたくこの幼児性、あるいは助平根性に侵されている。かれにとってマウスピースの銜え心地、いやさ吸いごこち、舐めごこち、しゃぶりごこちは、なににもましてだいいちの関心事だ。古今パイプをして〝男のオシャブリ〟というのは、この間の消息を明らかにしている。

喫いごこちひとつとっても、かれらのこのみは様ざまであるから、その氏素性など侃侃諤諤《かんかんがくがく》の論となるのは常のこと。ひとりが北欧の透きとおるような白皙がよろしいといえば、オレは少少無骨でも頼り甲斐のあるブリティッシュがこのみだとぬかす。いやラテンのコケットが、おなじラテンでもフランスのシィクが……などなどその喧《かまびす》しいこと！

グレインのよく通ったスムーズ仕上げの、しかも己が手にしっくりと心地よく収まる一本は、むろんかれの愛用のものだ。撫で、摩るために、こんなすばらしいものがほかにあろうか。かれは恰もそれが、パイプマニアの神聖冒すべからざる努めでもあるかのように、マジメな顔を装って、暇さえあれば磨いている。

クリーナーをつけては擦《こす》り、どこぞから〝ツヤフキン〟なる時代がかったシロモノをみつけだしてきては摩り、そっと人目をきにしては鼻の脂をつけて撫でる。

しかし、しゃぶりごこちよく、みめ麗しく、肌理《きめ》すこぶる滑らかなれば満足するほど、かれのこのみは浅くない。つるっとした北の餅肌もよいけれど、たまには玄界灘の荒波（ある先達の表現）も棄てがたいネ、などとほざいてシェルにも色目をつかう。そしてすこしでも銜えたさきが重くバランスがわるいと、すぐに顎が疲れるなどと意味深長なことばを呟く。

撫でしゃぶるというふつうの愛撫に飽きたらなくなると、かれはモールというカンゼヨリ（観世縒り）をもちだして、マウスピースの細い穴にそっと差しこみ、なにやら淫靡《いんび》で変態的な所作をはじめる。

コレクションしたり、ほんらいの目的である莨を詰めて喫ったりするのは当然ごととしても、パイプ道とはいかに男の好きゴコロを充たす慰みであるかを理解していただけたろうか。このような状況に陥ることをさして、古人は玩物喪志と喝破した。しかしてこれは、かれにとって至上のナグサミではありえても、だんじてナグサメではないことを、さいごにはっきりと云っておきたい。

ともかく、あたらしいパイプタバコの缶（紙ポーチ入りのはだから嫌いだ）を開けるときには、まいどながら、新鮮な悦びと少少淫靡なたのしみがある。

パイプタバコはふつう、バキュームパックの五〇グラム丸缶入りだ。だからさいしょはこの僅か圧力のかかった缶の蓋を、どうしても抉《こ》じ開けるひつようがある。缶の横にはたいてい英語で〝インサート・コイン・アンド・ツイスト〟とかいてあるだろう。

好きものはもうこの段階で、ワクワクとした期待感が満ちてくる。つっ込む、捻じる。いささかのつよい抵抗感があったのち、〝プシュ〟という音。この音がまずはたまらない。めでたく第一関門突破。

するとほのかに臭ってくる。いや匂ってくる。香ってくる。さいしょに起つにおいはスカトロジックなオリエント葉のものだ。ただしこの香りは失せやすい。

いよいよ缶の蓋を開放しよう。たち昇ってくるのは、ある種の酸味をもった特有の燻様臭、男ならそそられるにおいだ。これがオリエント葉を燻して造られるゆうめいなラタキア葉。元来はシリアのラタキア地方原産ときく。いまはそのたいはんがキプロス島産のようだ。

だい好きなラタキアブレンド、英国バルカン・ソブラニ社の№.759ミクスチュア（バルカンの黒と通称す）には、〝マウンテン・ブルー・ラタキア〟と曰くありげな名で記されている。ちなみにこのバルカンの黒缶にはそのほかに、〝赤ブチ《レッドダップルド》〟のバージニア葉とマケドニア葉がつかわれており、この三者のトリオで絶妙のブレンドをつくりだしている。

缶の蓋をとっても、しかしまだご本尊は拝めない。なにやらおもわせ振りな紙のヒダヒダの中覆いと丸紙の中蓋の二重のバリケードを突破せねばならない。このあたりが〝開缶の秘儀〟のクライマックスだ。

さいしょ、ヒダヒダの裏側にそっと人差し指と中指を差しいれ、やさしく愛撫しつつクルッとひとまわりさせる。ヒダが起きあがってきたとて、急《せ》いて中ブタを剥がそうとしてはいけない。そのまえにハナをそっとちかづけてスニッフ（ひと嗅ぎ）してもよろしい。

それからいそがず周章《あわ》てず中蓋をとりのけるのだ。ここでもむろん短兵急に魅惑のミクスチュアに指を突きたて掻き混ぜるなどの乱暴は論外。もういちどそっと顔を寄せて息を吸いこむのだ。かるく顔を左右に揺すってから、やおら前記二本の指でミクスチュアの表面を毛羽立たせるのがよろしい。それでこそようやく、待ちにまった想いびとの香りをこころゆくまで堪能することができようというものだ。

アアそれにしてもこのオリエンタルなかおり、異国的なにおいのなかに、なんとなつかしい淫靡なふかさのあることか！

やはりなんといっても莨は香りだ。喫《す》うまえもすっているさいちゅうも、味より香りの作品だ。だからしばしばパイプタバコやシガーでは、じぶんで喫うより隣でよい莨をすわれたほうがここちよい、ということがおこりえる。

パイプに詰めて喫いだすまえに、パイプタバコにはともかくこれだけの儀式がひつようとなる。いや、この云いかたは正鵠《せいこく》を射ていない。儀式がひつようなのではなく、これだけいろいろとまたながくたのしめるといったことだろう。

べつに乱暴にカンを抉じあけて、無造作にパイプにタバコを詰めこんだって、それでパイプがすえないということはまったくない。それはひとえに、そのひとの莨のたのしみかたにかんする問題を云っているにすぎない。

もちろん喫いだせばすいだしたで、その悦びのふかいことはいうまでもない。このあたりも、おなじタバコの葉を原料としていながら、パイプと紙巻とは決定的にちがうところだ。

蛇足ながら、パイプに葉を詰めるまえに、しばらく空気に触れさせておくとよろしいという説がある。開缶してまもない箱入り娘を浮世の風に慣らしてからという親心だろうか。

さあそれではパイプにタバコの葉を詰めてみようか。

真空の容器からだされて、タバコはやさしく空気と触れあっている。いうまでもないが空気に晒すのは喫うぶんだけ。香りはとぶし、乾燥はタバコのなによりの敵だから、のこりはすみやかにタバコジャーなどにしまうべし。

この外気に呼吸させるやりかたは、年代ものの赤ワインの抜栓をおもわせる。ご存知のように、よき赤ワインは飲まれる数時間まえに栓を抜かれ、外気にやさしく触れさせて、永の年月の睡りからしずかに目覚めさせてやるひつようがあるのだ。

それはともかく、このよくほぐされたタバコの、パイプに詰めるときにつかわれる表現に、"耳朶の硬さ" あるいは "カステラのかたさ" につめよというのがある。また有名なところでは "はじめ子供の指で、なかほどは女のゆびで、さいごは男のそれで" というやつ。

しかしこの問題についてはつぎのふたつの事柄がからみ合っており、ただひとつの名答はありえない。つまりタバコの葉のカットのしかたとその湿りぐあいだ。いってみればそのパイプタバコの葉の形状と開缶した直後の葉の状態とに依るわけだ。そしてそれが乾燥してくれば、またちがった対処のしかたがあるのだが……。

だがいっぱんにみなさん、かたくつめ過ぎるきらいがあるようだ。ここではこの問題を指摘するにとどめ、詰めかた、点火法、喫いかたの能書きを垂れるのはよしにしたい。御用と興味のおありのかたは、類書を引くなりパイプやのオヤヂにきいてほしい。

　立ち消えするもけっこう、ジュクジュクいわすもよろし、習うよりなんとやらだ。そうするうちに、タバコの種類に応じた詰めかた喫いかた、またタバコのちがいに依るパイプの択びかた（これはある）、それからパイプじたいのよしあし（これもある。むろんそれは莨が旨いか不味いかということ。なによりパイプとは喫煙道具なのだから）まで判ってくるかもしれない。たのしみなことである。

　さて、開缶にあたっては中指と人差し指が活躍したが、ここでは親指にはたらいていただこう。

　ボウルを擦るのもマウスピースを摩るのもたのしい。ご自慢のストレートグレインを愛でるのもよいでしょう。しかしお気にいりのパイプにだい好きな葉をつめてすう（むろんその相性はしり尽している）。パイプのたのしみこれに勝《すぐ》るはないというもの。

　だからすきな葉を子供の指で詰めるのも、女のそれでつめるのもお好みしだいというものだが、さいごの仕上げをご覧《ろう》じろ。そこで親指の出番なのだ。

　ボウルの縁まで詰めてきたタバコの葉を、親指でていねいに、しかも愛情こめて押してやる。このとき、あの一世を風靡した唄「指圧の心は母ごころ……」という呪文を声ひくく口ずさみながらやると、とてもよろしい。

　なんといったって、これはたんにタバコの表面を平らにするだけではなしに、タバコの種類によってちがう詰めかたのかたさの、ここでさいごの調整をするというたいせつなことなのだから。

　そしてなぜ「押せば命の泉湧く……」かの答えが、まもなく結果として現れるだろうからね。

「心がはげしく怒り狂うときや、ふかい悲しみに沈むときには、
このマカヤの烟りをお喫のみなさい。

そうすればあなたの心に、平和と幸福が戻ってくるでしょう」……コンゴ民話

それにしても、いまはいやな時代だ。アメリカのモノマネも、もう度が過ぎる。いまの世のなか、ケンケンとまことにかまびすしい。本家の雉だって啼くときにはもっとも静かに哀しげになく。

アメリカという国にはよほど気をつけなくてはいけない。

民主主義の宗主。あかるくフランクな国。ひとのよいアメリカ人という一般的なイメージの反面、ピューリタニズムが底をながれる危険な国でもある。いいふるされたことだが、あの〝禁酒法〟の国なのだ。

この禁欲的な宗派のもつ極端で徹底的な志向にプラグマチックでシステマチックな国民性が重なると、たとえば釣り場の造成のためには、既存の池を徹底的に浚《さら》い、薬品をつかって全生物を殲滅し（ホントかいな）、あたらしく、いちからバスポンドを造ったりしてしまうのだ！

〝健康のためなら死んでもいい〟という国から輸入されていま流行りの健康志向も、水泳教室などといっているうちはまだカワイゲがあったが、ジョギングあたりからそろそろ首をかしげだしたくなり、いまやアスレチックにエアロビクス、はてはフィットネスとかワケのわからんやつまで百花繚乱、とどまるところをしらない狂態ぶりである。その翳《かげ》でこれらブームを操作している一千億円企業といわれる健康産業のほくそ笑む姿がみえるようだ。

我われやまのぼりや釣りびともアウトドアブームだモノブームだと、このアメリカ病にさんざん踊らされた苦い日びを、まさか忘れてしまったわけではあるまい。

なぜこうもアメリカに追従ばかりせねばならぬのか。目覚めるときである。お膝もとのアメリカでもこういった風潮を苦苦しくおもっているひとたちがいる。

さて、喫煙の問題にふかいりすると〝たかがタバコ〟や〝健康意識〟だけではすまなくなって、大袈裟にいえば現代社会のかかえる種種の病巣、社会運動、現代医学、マスコミ、公共政策などに触れざるをえなくなってくる。

まあここでは、このような小難しい議論はさておいても、ひらたく云えば、人がひととして集団で社会を構成するとき、それをおのれが意識するしないに係わらず、おたがいに迷惑をかけあって生活しているともいえよう。なにを迷惑とかんずるか、それはひとそれぞれなのだから。こんなことを口にだせば顰蹙をかってもしかたないが、云えばキミの存在そのものが迷惑、とかんずるヒトだっているかもしれないのだからね。寛容のココロがたいせつである。

中野収氏も云っておる。「嗜好品とか趣味は、おおむね他人に迷惑をかけることによって成立するものともいえよう」と。

そして福田恒存氏も云っておる。「そういう風に迷惑を避ける事を権利とするような被害防止機構を完璧にしていこうとすれば、人間はやがて身動き一つできなくなる。自分に及ぶ被害を避けようとして、結果は自分も被害者に脱落する」と……。

その11・オーロラの手打ち蕎麦

南極で蕎麦を打つ……。

きょうは玉子つなぎの細打ち江戸好みを打ってみる。つかい慣れた蕎麦包丁のはぎれのよいリズム。駒※のうごきもこころなしかスムーズだ。

二日後には越冬まえのさいごの第Ⅲ期探査旅行がはじまる。この旅行ののち、いよいよ昼のじかんはみじかくなって、とうとういちにちぢゅう太陽のかおを拝めぬながい冬籠りとなる。毎晩（いや二十四時間晩方だ！）のようにイヤでもオーロラのみられる闇夜がつづくのだ。これからまいにちの基地内生活のなかでは、ごじまんの蕎麦を打つ機会もおおくなることだろう。その第Ⅲ期旅行壮行会のまえに、ためし打ちをしてみたというワケだ。

南極へきて蕎麦を打つのはこれで数回めだが、その極度に乾燥した空気のために、まいかいカン狂っていつも苦労する。でもきょうはなんとなく調子がでてきたみたい。

蕎麦のいのちはなんといっても粉であり、そのよしあしで、きょくたんなはなし出来あがった蕎麦の味香の九割はきまるとおもっている。

しかし蕎麦打ち作業の要諦はこれはまちがいなく木鉢《きばち》（捏《こ》ね）であり、出来の八割はそこにかかっている。なかでも粉の乾燥度と空気ちゅうの湿気を敏感に身体（おもに掌）で感知し加水量を微妙に加減することが、木鉢の仕上がりを左右する最重要項目なのだ。

きょうは〝ゆで〟がいまひとつきまらない。これはもとはといえば木鉢作業に原因があり、南極の常時三〇パーセント前後の低湿度に振りまわされて、どうしても加水がすくなめになり、けっか蕎麦じたいがかためにあがるらしいのだ。

この南極の蕎麦打ちは無手勝流である。それが無手勝流らしいゆえんなのだが、蕎麦打ち名人吉村慶二郎氏の処によく出入りしていたことをりゆうに、ひとに訊ねられると師匠のお許しもえず、〝信州内藤流本手打ち〟を名乗ることにしている。

そんなわけで、とうぜんのことのように南極には蕎麦粉はじめ道具一式も持参した。むろん愛用の蕎麦包丁、堺の刀匠一竿子忠綱作の一キロ三百もわすれない。

かんじんの蕎麦粉は十一月なかばに出港ということで、ざんねんながら良質のものは手にはいらなかったが（ちょうどハシリの新蕎麦がなんとか、という時期だったのだが、その手配、搬入はずっといぜんに済せておくひつようがあるのだ）、それでも茨城の内地粉石臼挽きが手にはいった。そして倖いなことに晴海出港まぎわになって、しりあいの蕎麦粉屋さんから少量ではあったが道産の新蕎麦粉もまわしてもらえたのだった。

むろん粉に挽いてしまってあるのだから、むかしから蕎麦は挽いて三日と謂われているように、それはもんだいにならないといえばならないのだが、それでも脱酸素剤をつかった特殊パックにいれ、出港してからは〝しらせ〟の冷凍庫に保管するなどして、できうるかぎり最善の手はつくした。

いぜんにもかいたとおもうが、南極というところはいわずもがな低温であり、くわえて低湿度と細菌のすくなさゆえに、食品の品質を保持するにはもってこいの処だ。げんに米や小麦粉はなん年たったものでもその変質はおどろくほどすくないという。さて南極の蕎麦粉はどうなっただろうか……。

さあともかくこれで粉と蕎麦打ちの道具は揃った。ところがさいごにきて、とんだ落とし穴があったのを発見した。だ・し・をとるためにつかう鰹節である。

あんなに業者に念を押しておいたのに、〝あすか〟に着いてからいざつかう段になって梱包を解いてみると、なんと！　なかみはソーダ（宗太鰹）だったのである。

蕎麦のだし汁の要諦は〝香りを殺して味をとる〟につきる。そのためには上質の本鰹の荒けずりがどうしてもひつようなのだ。本がえし用の醤油は速醸などではむろんない、本醸造のむかしながらの造りで、しっかりした仕込みのものをもってきたというのに。

これでまず出鼻をくじかれ、すっかりやるきをなくしてしまった。

品目のおおさにかまけず（とはいっても全品目にめをとおすコトなどできっこないが）、すくなくともこんなだいじなモノは忘れずにしらべるべきだったのだ。南極《ここ》にきてしまってからでは、すべてがおそい！　ちょっとそこまで買出しにというワケにはいかんのだ、ここ島流しの南極では。

そんなこんなで、いっときはすっかりやるきをなくしたが、それでも気をとりなおして蕎麦を打つ。

蕎麦粉百パーセントの生粉《きこ》打ち、それも太打ちの田舎そばを打つことがおおい。江戸好みのノド越しをたいせつにする細打ち好きにはまことに野暮な鄙の蕎麦だ。余談ながらこの蕎麦ほんらいの香り芬ぷんとする田舎そばを、醤油味のそばつゆをつかわずに、蕎麦湯（もちろんトロリとした濃いやつだ）に自然塩をいれただけの〝つゆ〟で食すのは味わいふかいものだ。これこそ真の田舎流。この食べかたは長野県の、ひとにしられていない、とある蕎麦打ち名人のオヤヂからおしえられた。かれの父親がそうして一升のソバをたべていたというのだ。（その八ヶ岳山麓にあるかれの店はほんとうにちいさく、すこしウラブレてもいるが、まことにみごとな細打ちの生粉打ち蕎麦をだすのだ。こういう店がごく稀とはいえまだひそかに存在するから、蕎麦行脚はやめられない）。

さてかんじんの南極の蕎麦粉はどうなったのだろうか。

そんな〝つなぎ〟をいれない蕎麦をよく打つものだから、粉が風邪をひいてしまっているとぐあいよくできないのだが、湯捏ねにせずとも水だけでなんとかうまくいったところをみると、しんぱいするほど粉の状態もわるくはないよう

南極で打った田舎蕎麦。つなぎなしの生粉打ちだ

だ。もっともそれは蕎麦が太めなのにたすけられているところはあるけれども。したがって、細く打つときには玉子なりごく少量の割子《わりご》（つなぎ用の小麦粉）などの手を借りることになるのはしかたのないことだった。

いっぱんに信じられているのとは逆に、太めの蕎麦にはすこし濃いめのつゆが合うようだ。それは細いソバより太いソバのほうがつゆの絡みがよくないからだ。いうまでもなく蕎麦は細いほうがその表面積はおおくなり、それだけよくつゆがソバに絡むのだ。

もっともそれだって、ほんとうはお好みしだいだ。つゆが薄ければドップリと漬ければよいし、濃ければ蕎麦の端だけひたせばよいだけのこと。れいの落語の噺など墨守するひつようはまるでない。

だからコーヒーではないが、はじめにつゆをつけずに蕎麦だけたべて、なかほどではお好みの量のつゆにつけ、さいごにそのつゆに薬味をいれて三度たのしんだって、だれからも顰蹙は買わない。しかしかなしいことに、都会の手打ちソバ屋で一枚で三度たのしめるだけの量を盛ってある店に出合ったことがない。もともと蕎麦とはそんなにきどって食すくいものではないんだよ。〝蕎麦切り〟がハレの日※の料理であり、〝蕎麦がき〟がケの日※の食物だということはじゅうぶんわきまえたうえで、そうもうしあげたい。

蕎麦っ喰い（一升ソバをも辞せずのクチ）はそんなわけで、地方に根を張った蕎麦店で〝むかしもり〟などという豪気なやつに出合うと、もうそれだけでむしょうに嬉しくなってしまうのだ。

それにしても世間では、〝だし〟と〝つゆ〟をごっちゃにしているひとがおおいのは嘆かわしい。

蕎麦をつけてたべるための汁は、あくまで〝そばつゆ〟であって〝だし〟ではない。だしは〝本返し〟（醤油と砂糖をあわせ、ふつうは熱を加えてねかせたもの）と併せてそばつゆをつくるためのものだ。

ましてや〝つゆ〟を〝たれ〟などというに至ってはもう言語道断。ヤキニクのタレじゃあないっていうの。そんなものでは気持ちわるくて蕎麦はくえない。

そもそも〝そばつゆ〟は蕎麦切りにたいして従なのだ。これをとりちがえてはいけない。専門店のなかにもこの本末転倒をやらかしている店がおおいのはかなしいことだ。

よきそばつゆはかしこい女房のように、ひっそりと奥ゆかしく主人である蕎麦を盛りたてなくてはいけない。つゆがでしゃばることは禁物だ。

よく「このつゆはダシの香りがきいていて旨い」とか「この店はつゆがいいからソバがうまい」とかきくが、これには賛成しかねる。もしこれが店側からの発言だとしたら、それはみずからの蕎麦の不味さを公言しているようなものだ。

繰りかえすが、蕎麦の旨さのだいいちは蕎麦粉のうまさだ。それでつくった蕎麦切りのうまさだ。蕎麦にたいしてそばつゆはあくまで従なのだ。蕎麦がほんらいもつ味や香りを隠したり殺したりしてはこまるんだ。ましておのれのソバのまずさをツユで誤魔化すことはゆるせない。

だから誤解をおそれず極論すれば、そばつゆはある一定のレベルに達していればそれでよいともいえよう。むろん蕎麦とそばつゆがチグハグなのがいただけないコトはいうまでもないことだが……だし汁の要諦〝香りを殺して味をとる〟がここに生きてくるのだ。

それにしても昨今うまい蕎麦粉がなくなった。もうそうなってからひさしい。こころある蕎麦打ちはみなそれをしっている。嘆いている。そしてなんとか努力もしているのだ。

ここで蕎麦の品種や栽培にはなしをひろげると収拾がつかなくなるほど、これはふかい問題であり、興味あるはなしなのだが、とりあえずいまはここまでにしたい。


ちかごろとんと蕎麦屋で酒を飲むひとがすくなくなった。飲食店がほかにふえすぎたせいもあろう。

白地に紺で染め抜いた暖簾を払い、おめあての蕎麦屋の戸をあける。プーンとただよってくるかけ汁の匂い。だしをとっているさいちゅうなら、本節を煮詰める濃い匂いが鼻腔を打つこともあるし、てんぷらを揚げる芳ばしい胡麻油の香りのときもある。

座敷にあがり込むでなく、小あがりに尻をはんぶんあずけて〝もり〟をかっこむいなせな職人も、〝ヌキ〟で燗酒をかたむけているご隠居さんも、もう昔語りなのかもしれない。

むかしから蕎麦屋ではほかより上質な酒を置いたものだ。いまでも品書きに〝酒〟（裂ける、避けるにつうずる）とかかず〝上酒《じょうしゅ》〟とかく店はおおい。奥に通すときには〝御酒《ごしゅ》〟という。

ふるくからの蕎麦店にはいまも〝菊正〟を置く店がおおい。むかし、ほかのおおくの酒がいまほど質のよくなかった時代はとうぜんとしても、この酒は現在もまたよい酒といえよう。しかし十年一日のようにそうしなければいけない理由はなにもない。これは蕎麦店ばかりではなく、ほかの日本料理の店にもおなじことがいえるのだ。これほどうまい酒が飲めるようになったのだから、もう酒屋のオシキセですませる時代ではないのではないか。

じぶんの店の蕎麦に合った酒がかならずある。それくらいの念いを提供する酒にももってほしいものだ。

蕎麦は江戸好みの細打ちと歯ごたえのある太打ちとでは、合う酒だってずいぶんとちがうようにおもう。ゆうめいな信州や出雲だけじゃなく、地方色豊かな食べ物なのだ、地の蕎麦というものは。しかし、だからといって、地の蕎麦にそこの地酒を合わせればすべてよしとはまいらぬ。ましてや有名地酒や吟醸酒を脈絡もなくならべる安易さには許しがたいものがある。それはナショナルブランド一辺倒の精神となんらのかわりはないとしるべきであろう。けつろんをもうせば、酒は主人が吟味したひとつかふたつの銘柄があればそれですむ。

ごぞんじのように、酒質をかんたんにわければ、それは〝淡麗辛口〟〝淡麗甘口〟〝濃醇辛口〟〝濃醇甘口〟の四タイプになろう。まあじっさいには、コトはこうかんたんにはいかないのであるが……すくなくともその供出温度、アルコール度数、香りの質などのちがいで、ずいぶんと酒にたいする印象はちがってはくる。

江戸好みの細打ちに燗酒はおつなものだし、それにはいっぱんに淡麗な酒が出合いであろう。このばあい、蕎麦じたいもふくめて肴（ソバも肴だ。このときの酒を〝中割り〟という）にはボリューム感のあるものがすくない。

たいして田舎好みの太打ちは、一升ソバではないがその量感をかんがえても、ひ弱な都会人にはざんねんながら、これもまた淡麗な辛口の酒が無難といえよう。さいわい本醸造はもとより純米酒にも都びとむきの、すっきりした、もたれることのすくないタイプが出はじめた。なんといっても完全食品である蕎麦（禅僧の千日回峰行をみよ）は純度が増すほど腹にたまる食い物なのだ。だがしかし、健康なからだを持するものなら、ほんらいは酸のしっかりした、巾があって極味ある醇なる酒をのみたいものだ。

山形市の北、JR楯岡駅より西にはいった大久保の在に、近郷はもとより都の蕎麦通にもその名をしられた名店〝あらきそば〟がある。

山にも釣にも山形へはよく足をのばすのだけれど、南極へいくまえの夏も、かえってきてからはじめての夏も、家族をひきつれ〝葉山〟の麓にキャンプを張った。

このまわりへくればすこしばかり足遠くとも、かならず〝あらきさん〟には寄るようにしている。ましてや葉山はあらきさんの裏山だ。

大久保の町（ともいえぬちいささだ）の中心からちょっと葉山のほうにむかうと（このまま進めば十分もかからず秘湯たまごの湯〝富本《ふもと》温泉〟につうずる路だ）、めだたぬ造りの萱葺きの農家風。これが山形を代表する太打ち蕎麦の一軒〝あらきそば〟である。

よこの入り口からはいると、まず上り框《がまち》の奥に囲炉裏の切ってあるのがめにつく。そこにはたいてい、凛とした風貌のご主人が坐っておられる。ときとしてふくよかな奥方もごいっしょに。

襖をとっぱらった大部屋のそとに面したがわは、夏ならば太軸の簾がおりている。梁に貼ってある和紙の品書きにめを遣ると、できます蕎麦はただ二品、〝もり〟と〝むかしもり〟だけ。ほかに品書きにはないが〝ニシンの煮物〟がでることもある。

打ちあがり茹であがってくる蕎麦は生粉の太打ち。それがなんと舟（生舟……打ちあがった蕎麦を溜めておく木ワク）にはいってでてくる。五〇センチ×二五センチほどの巨大な盛りだ。蕎麦の分量も都会のヤワな手打ちのゆうに三倍いじょうはあるのだ。〝むかしもり〟ともなると〝ふつうもり〟のまた正確に二倍！　そして近在から食いにきている家族連れのなかのバアチャンなどが平気でその〝むかしもり〟をたべている。都会モノがその〝むかしもり〟を注文すると、さいしょに「たべられますか」と訊かれる。そんな豪快な〝あらきそば〟なのだ。

その食味は蕎麦とくゆうの（小麦粉製品のうどんとはちがう）むっちりしたコシがあり、生粉打ちのため香りはいわずもがな芬ぷん。しかし味香のぐあいは蕎麦の出来ふでき（ソバにもヴィンテージ……出来年がある。農産物ゆえとうぜんといえばそのとおり）や食す季節によって差のあるのはいうまでもない。

蛇足ながらこの生舟様の盛り容器はひろく山形の鄙の蕎麦につかわれている。それは新潟小千谷の〝へぎ〟やおなじ山形は温海の〝そね〟と同系統のようだ。これをご当地では〝板ソバ〟という。

はなしかわって、この楯岡と山形市のあいだに将棋の駒でゆうめいな天童がある。ここにも二軒、太打ちじまんの蕎麦店がある。一軒の名は〝水車〟（この店のソバの太いこと、まさにドジョウソバだ）、もう一軒が〝又右衛門そば〟。師匠があらきさんであるところから〝荒木マタエモン〟か。

まあそれはどうでもよろしいのだが、この町に忘れてならない蔵がある。蔵といえばもちろん酒蔵のこと。山形を代表する吟醸蔵のひとつ〝出羽桜酒造〟だ。ここもまた南極の酒のひとつである。

しかしここで出羽桜の吟醸のはなしをするつもりはない。吟醸酒はいうまでもなく香り味とも自己主張のつよいものがおおくて、やはり風味のつよい生粉の蕎麦にはうまく馴染まないようなきがするのだ。それは、いってみればそれだけ、酒だけ（料理もいらない）でたのしめてしまう〝ドイツワイン〟によく似ている

さてその出羽桜にすばらしい二級（当時）の本醸辛口がある。いまのところ地元にしかだしていないのはザンネンのかぎりだが、その名も〝出羽桜・誠醸辛口〟。むろん二級酒だからネダンも安い。こういった、スッキリしたキレのよい辛口酒が、肉体労働のすくない都会からきたものにとって、主張のつよい地の蕎麦のまことによきバイプレイヤーとなるんだ。

この〝誠醸辛口〟をあらきさんに持ちこんで、なにはなくともご自慢の蕎麦と凍みるようなおいしい漬物で〝中割り〟を酌む囲炉裏端。憶うだにこころたのしき雪の山形（それはいつだったか、二月雪中の蕎麦のうまかったこと……）。

蕎麦と酒。このはなしになると、どうしてもその〝中割り〟のことにすすめなくてはおわらない。

吉野秀雄の歌につぎのようなもののあるのをご存知だろうか。

　そばの酒にみたびの名あり蕎麦前に
　　次ぎて中割り末は箸洗ひ

山形市中旅篭町に〝萬盛庵〟という名物蕎麦店がある。山形名産紅花を蕎麦にうち込んだ〝紅花切り〟の創出でしられるが、山形にめずらしくここの蕎麦は江戸好みの細打ちだ。きけばお江戸で修行なさった由。

その萬盛庵で三百五十回になんなんとする蕎麦会が、三十年ちかくの永きにわたって（平成元年当時）毎月一回催されていることも、世の蕎麦通のあいだではつとにしられている。その月いっかいの蕎麦会のおしながきのはじめに、かならず〝蕎麦前〟と記されてある。たいていは山形の地酒、それも本醸か純米なのだが、ときとして吟醸のかおをみせることがある。

蕎麦前は、メインディッシュになる蕎麦切りのでてくるまえの、オードブルたる肴（それは蕎麦豆腐、蕎麦味噌など、蕎麦を材料につかったものがおおいのだが）と伴にのむか、あるいは蕎麦切りのでてくるのをこころまちにしながら一献傾けるアペリティフのような酒をいう。

だからつぎなる主役の蕎麦の酒とおなじものでも、むろんいっこうにさし障りはないのだが、ばあいによっては吟醸酒もまたわるくないのだ。とはいっても、さきのあらきさんの〝ニシンの煮物〟の甘じょっぱい田舎風には、ある種濃醇で酸のたしかな、押しだしのつよい純米酒もなかなかのものだ。（さいわいなことに、山形にもそんな酒をみつけてある）。さて中割り。これはまさに蕎麦そのものを肴にのむ酒であり、それはさわりなく蕎麦により添う酒であってほしい。

酒呑みとは卑しいもので、できることならいつまでも限《きり》なく呑みつづけていたいと希う。

よき酒の定義は様ざまだろうが、いまも忘れない名文句がある。ある知人の親父さんが云ったという。「よき酒とは、いつまでも酔わない酒のことだ」とさ。

だからすこしでも手づよい蕎麦に重い酒が出合ったら、脆弱な現代人はたちまちギブアップ。（それにしても〝むかしもり〟を平気で掻きこむバアチャン。田舎のひとは健啖だなあ）。やはり卑しく呑みつづけるために、都びとにはそれなりの酒がひつようのようだ。

箸洗い、このディジェスティフ（食后酒）とみられる酒は、ひとによってふたとおりの酒がかんがえられよう。もう腹もくちくなったのだから、健啖家にとっても淡麗とはいえ酸のキレのよい軽快な酒。中割りで少少重かったひとには、すこしキレがわるくともスッと淡雪のごとく消える酒がよろしかろう。

これがあきらさんの板そばだ。これで“ふつうもり”とは！？

さてさて蕎麦と酒。蕎麦がそのつかわれる材料の単純なくせに、打ち手に依って様ざまに変化する奥深さをもつものゆえ、それだけにまた卓をおなじゅうする酒にも興味は尽きない。そのつきないきょうみを双方ともにもちつづけていたい。よき酒はよき伴（友）である。

※ 駒＝ソバを切るときに蕎麦包丁に添わせる板状の定規。
※ ハレの日＝とくべつの日。
※ ケの日＝日常茶飯。常日頃。

その12・水平の涯方に

「シャボン玉の中には人も景色も入れません。まわりをクルクル回っています」

ジャン・コクトー

いま新幹線でたかだか三時間、しかし距離にしたら七〇〇キロちかくを移動している。それは、雪上車で旅すれば、しかもそれが調査しながらであれば数ヵ月はかかる、わが南極〝あすか〟と昭和基地のあいだの距離にほぼ等しい。

この水平の長距離移動にたいして、身体はどのような生体反応を示し、ひとの神経はいかなる刺激をうけるのだろう。移動距離と移動速度はどんな比例関係をひとのからだにもたらすのか。

そして空間（陰）と時間（陽）の意味するものはなにか。

ひとは広い空間を移動するにあたって、その移動速度が速ければはやいほど、いっけん肉体の疲労はすくないようにみえても、じつは精神的には、あるいはもっとふかいところでは身体的にも疲れをかんじている自分を意識することがおおい。

ぐたいてきには足が地に着かないというような感覚としてあらわれる。それは神経と肉体のアンバランスを意味していよう。徒歩、自転車、自動車、電車、新幹線、航空機、おもいあたることのあるひともおられるだろう（ジェット旅客機のパイロットとスチュワーデス、あるいは新幹線乗務員の体調不良をみよ）。なにごとにも変化がはやく、スピードだいいちを求める現代特有の状況とはいえ、そういったバランスの崩れをもし感覚できないとすれば、人間のほんらいもつ自然の感受性があなたのなかで損なわれているのではないか。かなしいことだ。

空間、距離という陰が時間という陽の作用でバランスをとるひまもなく、陰は陰のままそのアンバランスさを露呈してしまったのだ。その厖大な空間という陰を……。

さて、その水平の世界が涯てしなく広がる南極で一年いじょうを暮したのだが、そこにはたしかに時間だけはたっぷりとあるようだった。その気のとおくなるような広袤も、したがって、こころとからだのアンバランスとして意識されるようなものではなかった。しかしその水平の世界が、いつも自分をなにか、借りてきた猫のような念いに陥らせたものだ。

……その念いが、ここでうまれたそのちいさな蟠《わだかま》りが、一年数ヵ月の越冬ちゅう、予想いじょうに重くのしかかってこようとは……とまえにかいた。そして、そのおもいは、この桁はずれの大自然南極でも、かなしいことに、けしてそのすべてが解消されることはなかったのだ、と。

オーストラリア大陸の約一・八倍、日本列島の三七倍の面積をもつ南極大陸は、そのぜんたいをぶ厚い氷で覆われ、その平均氷厚は二〇〇〇メートルにも達するという。それはちょうど丸い大陸にまるい鏡餅を載せたようなぐあいだ。だから大陸のかなりの部分がその厖大な氷の重さに耐えかねて海面下に没し、たとえたかい山脈があろうとも大陸全体からみればほんの一部が氷のうえに顔を覗かせているにすぎない。やはり南極の本質はその大雪氷原なのであり、大陸ぜんたいを見わたせば山はほんのつけ足しにすぎないのだ。

たびたびかいてきたように、南極の雪原は海であり沙漠だ。山山は島嶼《とうしょ》であり、雪上車はそのあいだを彷徨い、雪氷原という大海原にゆき悩む小舟である。駱駝が沙漠の舟ならば、雪上車はさしずめ白い沙漠を行き来する鉄の駱駝といったところだ。

エクスパンド（広がり）とマッス（塊）。広漠たる大雪原と蹲《うずくま》る山山。拡散と凝縮。陰と陽。

この水平と垂直の世界が奇妙にマッチしたところが、われらがセール・ロンダーネ山地周辺だ。そして越冬基地あす

二の谷内院よりプラットニーパネ登頂ルートの雪稜をみる

かは、この魅力的な山塊を見はるかす絶好の位置に建設された。

晴れてさえいれば、朝な夕なに、"あすか"の山プラットニーパネをまっ正面に据えたセルロンを眺めに基地のそとにでたものだ。それはすでにかいたように、山のすくない南極ではめずらしい風景に属するだろう。

しかしそんな恵まれた"あすか"にいてさえ、南極大陸の本質が発する広漠感、寂寥感は容赦なく身辺に押し寄せるのだった。

一年半の越冬をおえて帰ってきてみると、ひとはよく問うたものだ。「極地での長期の越冬はさぞ厳しかったでしょう、また辛かったでしょうね」と。

このとき、質問者の頭にはたぶん、聞きかじりでしっている南極の自然環境のきびしさや、少数の男たちだけでの越冬生活がおもい描かれているにそういない。

むろん、極地の自然がきびしくなかったとはいわない。かぎられた人数で、しかも狭い基地内での生活がつらくなかったともいわない。でも、それらはとうぜん予想されたものであったし、そのための準備も覚悟も怠りはなかった。

しかし、それにしても、水平拡散の世界のもたらす圧迫感、威圧感（それはこのことばのもつ語感よりも、もっと静かに逼《せま》るものだった）、それはよそうをはるかに超えた勁い力だった。そこにまえにもかいた地球の底という隔絶感が、その感情の揺れに拍車をかける。

この南極大陸の本質が発するつよいちからは、ふだんはそれとは気づかないのだけれど、ときどき忍びこむようにやってきて、こころの裡を謂《いわ》れのない不安感で満たすのだった。

「海辺に育ったかれが、海をあまりすきでなくなったのは、いつのころからだったろう。

あの取り留めのない、広漠とした空間が、かれのこころを落ちつかなく不安にさせた。いつも場違いなところにいる自分をかんじていた。

そんなこころがますますかれを山に向かわせた。そこにいるとかれは、じぶんがいかにも調和のとれた安らかさのなかにいるのをかんじていた。」

「南極の山は、山というより白い海原に浮かぶ不毛の島だ。あるいは白い沙漠に浮かびあがる蜃気楼だ。」

「地を這うように、舐めるように吹きつづける白い雪烟には〝死の匂い〟がする。チロチロチロと不気味な爬虫類の舌をおもわせる。」

「快晴の空。夢のように浮かぶヌナターク。それがなぜ自分をこのようなおもいにさせるのか。」

「垂直と水平の道。渡辺兵力は垂直の径から水平の径へ、どうこころを切りかえたのか。」（渡辺兵力氏は南極の大先輩。同名の著書・創文社アルプ選書がある）

「辻まこと曰く〝さて私は一つの岩峰に立つ。前方の景観はなにか、それは岩峰上の偏見だ。それが私の限界だ。世界は私の感情に映る偏見によってのみ自分を知らしめる〟と。」

「〝人は二十歳か三十歳で死ぬものである。それから先はそれまでの人生の繰り返しにすぎない〟といったのはダレであったか!?」　（基地越冬ちゅうの日記より）

【旅のかたこと・I】（越冬明けの日記より）

＊ピングインナネ。甲羅を並べた亀の群れ。

＊ピングインナネの右方にうつくしき三角錐。ヒマラヤのプモリにもみえる。それはニルスラルセン。セルロンの珠玉。

＊ロイサーネ。たおやかな白い肌に、なんと銭型の毛虱模様。

＊ニルスラルセン。西側からみるとどっしりした鋸山。つい上部のルンゼにルートを追ってしまう。いつになったら、この山を登るような時代がくるか。

＊三五〇 ｃｃのスノーモビルは南極のバイクだ。凪なく絶好のスノモ日和。サスツルギに弾んではずんで、躰はばかに揺すられるので、ココロはまさに片岡義男か。しかし、躰がこんなに弾むのに、こころはずまぬ理由《わけ》がある。

＊ロークコラーネ・ヌナタークのいちばんたかいやつに登った。東面がみごとな壁で八〇メートルほど落ちた、五つのギザギザピークの左から四番目。頂上に小さなケルンを積み、ぐあいのいいちいさな風化した穴があったので、記念品を突っこんで、平らな薄い岩板で蓋をしてきたよ。

小さな、まったくちいさな頂だったけれど、こころに残るピークだったな。

ロークコラーネ・ヌナタークに立つ。
東面は 80 メートルの絶壁だ

小さな頂にささやかなケルンを積んだ

西側もすこし緩いがみごとに薙ぎ落ちており、そのしたに急峻な青氷が光って、まるでアルプスの谷氷河をおもわす眺めだったな。

＊自分はまた、別のちいさなピークにささやかなケルンを積んだ。

＊途次、クレバスのオソロシサ身に沁む。三発ほど踏み抜く。底はみえない。まったく深い。

＊多数の雪鳥舞う奇怪な形のヌナターク。

＊幻をみた。雪上車の窓から、ほかの雪上車が雪面を縦横に踏み荒らした跡を、フト寝ぼけまなこで見るともなくみると、それは雪の朝、山の斜面につけられた野ウサギたちの、夜通しのたのしげな宴の跡をおもわせた。覚めてしまえば、それはまったく似てもにつかぬものなのだが。

＊こういった環境では、リースマンのいう、好みのはっきりしている所謂ジャイロコンパスの〝内部指向型〟よりも、なんにでも興味と反応を示すレーダーの〝外部指向型〟のほうが向いているようだ。

＊正面はロジャーストッパーネの白きたおやかなる峰。そのうしろ、ひくいようにみえるが岩の露出のおおいデュフェック。左端は端正な三角錐。その奥にメーフィエルの一岩峯か、キッカイなエギュイーユみゆ。

＊あたらしく缶を開けた759ミクスチュアの旨かったこと！

＊セール・ロンダーネ山地からとおく離れたナンセンの大雪原。そんな大裸氷帯のただなかに、とつぜん〝モレーン〟が出現する。なんという玄妙不可思議。

＊穏やかになることを学べ。Study to be quiet. アイザック・ウオールトンの『ザ・コンプリート・アングラー』（釣魚大全）がよみたい。この広大無辺の白き処女地で学ぶこともけっきょくこれか。

＊１４５０（ヒトヨンゴーマル・午后二時五十分）、ほんじつ最大とおもわれる隕石発見す。Ｇ８８１１２０００５番（Ｇはグリーンの略で当方の認識番号。八八年十一月二十日、当日第五番目の隕石という意味）。いちめんフュージョンクラストの二キログラムほどのＬ・コンドライト※。大物一匹釣ったあとの虚脱感は釣りに似ていなくもない。本日０８まで。
（地球大気圏突入時にできる隕石表面の漆黒の焼け焦げをフュージョンクラストという。Ｌ・コンドライトは隕石の種類。もっとも一般的な隕石のひとつ）

＊広大な裸氷帯なのに午前中なんとゼロ。まったくケもなくオンブル（影）ばかり。不作のいちにちになりそう。

＊こういう退屈な釣りは三日もしないで飽きてくる（隊長ゴメンナサイ）。しかし、なんといったって、決められたラインで運もきまるのだから。（隕石採集の方法はまえにかいたとおりだ）。
だからといって、けして厭きたわけではないのだ。スウェン・ヘディンの中央亜細亜探検記の一冊をよんでみたまえ。方位を計ったり、距離を測ったり、気象を観測したり、毎日まいにち単調な仕事、出来事の繰りかえしだ。いまは亡き深田久弥も云っている。読者はヘディンとともにこの単調、退屈に耐えなければ、かれの世界はみえてこないのだ。ほんらいエクスペディションとはそういうものなのだと。

巨大なサスツルギ。飛ぶイルカ、これらはまるで南極動物写真集

ながい探検行のなかでは、読者の期待する劇的なできごとなど、じっさいにはそう滅多に起こらない。血湧き肉踊るスリルとサスペンスの世界は、だからたいはんは物語《フィクション》のほうにまかせよう。こういった行動をおこさんとするものは、なによりもまず、このルーティンワークに慣れることだ。

しかし、そんな舌の根も乾かぬうちに、二キログラムはあるとおもわれる大物を釣った！

＊まいにちマイナス30℃のなかで活動し、またマイナス20℃のシュラフにはいって眠る。寝袋はガサガサとおおきな音をたてるし、朝起きれば口許と雪上車のひくい天井は、吐き出した息の凍った霜でまっ白だ。

＊きょうは東の裸氷へ。（きょうは東へ、あしたは西へ、か！）。今期の旅行は最終第Ⅴ期、二ヵ月半にわたる長期旅行だ。むろん目的は隕石探査の総仕上げ。

＊三〇〇〇メートルちかい南極の高地で、プカリプカリと夢想をたのしむ。しかしまっ平らな氷原は高度の実感がない。強風に向かって歩くとき、わずかに息苦しいのを除けば。

＊巨大なサスツルギがおおい。一メートルいじょうもあるヤツだ。蹲るウサギや駆けるヒョウ、飛ぶイルカやら寝そべったネコ。〝サスツルギの芸術・南極動物写真集〟なんてのができそうだ。

＊サン・テクジュペリ。沙漠、海、そしてむろん空。物語の舞台は拡散の世界。

＊「サハラ沙漠よ、僕のサハラ沙漠よ、ごらん、お前は紡車を廻すたった一人の老女のお蔭で、すっかり夢見心地にされてしまったではないか！」サン・テクジュペリ『人間の土地』……わがための〝ひとりの老女〟よ、いずこに⁉

＊毎日まいにちよくつづくものだ。もう一週間もブリザード停滞がつづいている。生来の怠け者なのだろう、こののんびりした時間がとてもいい。

＊この数日の沈澱で夢想へキにいっそうの磨きがかかったようだ。

＊モレーンのうえに純白の雪鳥が六羽飛翔す。内陸三〇〇キロになにを求めて翔けてきたか？餌を摂るために、またおなじ距離、海まで飛ばねばならぬというのに。

＊ユウレイの正体みたり枯れ尾花。朝から気になっていた巨大隕石の夢はきえた。それは新発見のモレーンに鎮座ましましていた、何トンもあるような巨大片麻岩だった。夢去りぬ。

プリズムでみたときは、その影といい、佇まいといい隕石そのものだったのに！　しかしあれがほんとうに隕石だったら、たいへんなコトになっていたろう。

＊標高二五〇〇メートルを超す高地の裸氷のうえに、奇怪な裸氷のマウンドがまた盛りあがる。そのマウンドに登ると、あらたな三〇〇〇メートルの裸氷のプラトーがいちめんに広がりはじめる。

セール・ロンダーネの遥か南、ナンセン大氷原のまっただなか、裸氷、裸氷、裸氷の世界だ。

ここを目指して来たんだ。このテラ・インコグニタが夢だったのだ。しかし、それにしても、このとりとめもない、気の狂いそうな広袤はどうだ！

このまま徐徐にたかさを増して、遙か南極点の涯方まで広がりつづく、広大な青氷のプラトーは、ひとも、むろんほかのいかなる生き物も、隕石さえも寄せつけぬ荒涼とした荒海だ。

いま眼前に展開する、この極限の水平拡散の世界に身を置いてみると、ひごろ垂直志向、凝縮収束人間を自認する男も、さすがにブルッとしたふかい感動に身を震わせ、南極大陸の発する、ひたひたと寄せくる、その有無をいわさぬ迫力に、まるで金縛りにあったように、もうすっかり身動きがとれなくなっていた。

いまにしておもうのだ。極南の世界とは、自分にとってなんだったのだろうと。

都会の雑踏に還って、もう一年半がたった。安らぎの山にたち戻ったじぶんは、それですっかり落ちついてしまったのだろうか。この箱庭の世界にただ満足するばかりなのだろうか、と。

日本の山山は期待していたとおり、焦がれしわが身をすっぽりと包んでくれ、しばらくはそのここちよさに夢中だった。釣り竿片手に緑の川辺に帰っていった。リュックを担いで緑の山山にいくど登りに行ったろう。榾柮火を囲んで、せせらぎの音を枕に呑む酒は、譬えようもなくわが身に沁みいって、もうそれだけでわが故里の自然をこころから賛美

3000m の裸氷の探査。50m 間隔にスノモが並ぶ

するきもちになってしまうのだった。

そんな至福の日びがずっとずっとつづくつもりでいたのだから……。

いま、南極の酒がこいしいのだ。裡を掠める極南の大氷原のよぶ声に耳を傾けているじぶんを、うっすりと意識しはじめたのだ。

ひとりの人間の裡にあるベクトルが、ようようバランスをとり戻しはじめたというのか。もういっぽうの水平・拡散の世界のよぶ声の、身裡を揺さぶるときがきたというのか⁉

そのときは己が冀求に、だまって素直に身を委ねればいいのだ。ひとの裡にあって乖離《かいり》と回帰こそすべてなのだから……。

その13・さらば南極

光をうける方向によって、裸氷は様ざまに表情をかえる。

東斜方より光が射してくる朝の裸氷は、いちめん凄いようなプラチナ色に輝いていた。

それはどんな宮殿やホテルのシャンデリアなどもまったく問題にしないものではあったが、しかし生命感など微塵もない、この世のものとはおもわれぬ無機的な輝きだった。

そんな裸氷の探査にあけくれて、気がついてみると、もう一年が過ぎようとしている。そこにすべてを任せて、この水平・拡散の世界に浸りきってしまうと、ようようみえてくるものがある。これはサバイバルの要諦でもあろう……。

【旅のかたこと・Ⅱ】（越冬明けの日記より）

＊午后より風が収まりだし、スノーモビル2906号にうち跨って出発。
しばらく走ると、絶好のスノモ日和となる。

雪原、さえぎるもののない白い大地を駆けまわる爽快感はたとえようもなかった。

＊きょうも2906号にて出陣。
フルにいちにち、南に裸氷をさまよい走る。隕石は昨日とおなじく、いちにちやって七個ほど。

2906 号スノーモービルはわが愛車。隕石探査の強力な武器

久びさに裸氷の上空を舞う白き雪鳥をみた。

＊雪上車の窓のそとの影に驚くと、一羽の雪鳥（きのうのヤツか？）が、まるで我われになにかをねだるかのように、ちかづいたり離れたり、微風に軽がると飛翔していた。

"しらせ"が日本から次隊三〇次隊と、まち焦がれたあたらしい便りを乗せて"ブライド湾"着。いよいよ着いたか。幕の降りる日はちかい。第一便のヘリはいつ飛ぶか？

＊ジコケンオのいちにち。四三キログラムという巨大隕石を目のまえにしながら、なんとなくとおり過ぎてしまう。

その横からお医者さんが見っけ！　なんともハヤ。いちにち気分晴れず。

裸氷もおわり、雪附きになってしまったから、気を抜いたのがいけなかった。わるいことに、隕石のちょうどこちら側にドリフト※が附いており、それがこのはんぶん雪に埋もれた巨大隕石をいっそうみ難《がた》いものにしていた。

完全な裸氷にしか隕石はない、というワケではないのだね。のみ過ぎて、またいっそう気分わるし。

＊快晴、風すくない。前日のせいで頭痛し。
きょうはキャンプ移動してA250へ。（一キロメートル毎に赤旗を立てながら進む。そのたびにルート番号はひとつずつ増えていく）。

雪上車二台が移動ちゅうに、スノモ隊はフリースタイルで隕石探査。出だしよく終わりもよかったいちにち。

〝ユレイライト隕石〟の大物（といっても拳大）をみつけ、それを含めてG88120211番まで。

ユレイライトは世界でまだ二十数個しか発見されていない貴重隕石。現時点では日本隊（世界？）最大級か！　しかし記録というものは、すぐに塗り替えられる運命にある。

夜はおだてられ、また呑む。

＊空はきょうもよく晴れ、あたらしきC地域へ移動する。
ここはまったくの〝白き処女地〟。正真正銘のテラ・インコグニタ。まっさらの地図の空白部。未知未踏の大裸氷帯の只中だ。手はじめに北の裸氷へ。そこは細長い裸氷で、奥行きは一二キロメートルほど。

そこでは隕石もある処とないところがはっきりしており、もしあれば、それはたいていおおきなものだった。ほんじつの最大級は三〇キログラムというデカイやつ。しかし発見者はざんねんながら自分ではない。

こちらはチョボチョボのやつばかり。それでも一五個は採れた。

スノモの走行距離も九〇キロメートル。よく動きまわったいちにちだった。

＊気温もマイナス20℃いか、風速も毎秒二〇メートルを超えるなか、探査をはじめる。
だんだん地吹雪もつよくなり、昼ちかくにはモウモウたるブリになる。そんななか、自分にはこれまで最大の隕石、約七キログラムを採集する。

南極隕石。これはなかでもっとも普通の“Ｌ・コンドライト”

スノモに乗るのもきょうがさいごの日になるかもしれないということで、おわりよければすべてよし、といたしましょう。

しかし、あまりのスサマジサに探査も昼で切りあげとする。

＊きのう、"あすか"に帰投していた連中が、まち焦がれた第一便をもって帰ってきた。（セルロンの西の端ちかくをおお廻りしていくので、往復だけでもたいへんなものだ）。

そのときはじっくりよむ暇がなかったけれど、きょうは午后からゆっくりとできるだろう。それにしても、子供たちのおおきくなったこと。シドニーで会ったら驚くだろうな。

新鮮野菜や果物など、来ればきたでむろん嬉しいものだが、水のすくない行動ちゅうは調理するほうはたいへんだ。凍結のことにも注意を怠れないしね。

あまりの新鮮さに腹も驚いてか、少少クダリ気味なのもシャクだ。Ａ級ブリ※（三級あるうちの最大級のブリザード）のなかで用を足すのはきわめて困難（それもブリ気味のヤツをね。これでは洒落にもならない）。尻の穴が凍った！

夜はゼクト（ドイツ発泡ワイン《スパークリング》）やドイツ銘醸ワインをだしてクリスマス。これらの酒は、そのためにべつにして基地に残してきた幾本かを、昨日帰投隊がもってきてくれたもの。正月用の一升瓶の酒とともに、こんごは抱いて寝なければなるまい。

案の定ゼクトは泡立ちはげしく酸味つよし。この三〇〇〇メートルの高地では、気圧がひくいため発泡酒は噴きだしてしまってどうにもならん。

＊地吹雪あり。ようす待ち。
けっきょくいちにち停滞。"しらせ"の大西飛行長差しいれの新聞を、いちにちかけてよむ。おもに差し込みの広告をみていただけだが、こんなモノが妙にたのしめる。

＊きょうで沈澱五日目になる。ブリザード烈しい。
みな、なにをしていいのか判らなくなっているみたいで落ちつかない。いっぽう、ひとりの脳天気はなんでもないどころか、この静謐がなんともたまらなくよい。「官能はひとつのきびしい知性にほかならないのだ」というある小説家の言に、シンクレア※を喫い、南極モルトを嘗めながら、ひとりうなずきニヤリとする。

夜、地平線が見通せるようになり、あすは、とおもわせる。

＊一夜明けてみると（どうせお天道様は一晩ぢゅう沈みはせんのだが）、また地吹雪が出はじめようす待ちとなる。

＊雪上車、スノーモビルとも長期停滞のあとはトラブルがおおい。スノモは一晩ブリに曝すと、エンジンルームは雪がいっぱいに詰まり、毛布で保護しているにもかかわらず、それが数日つづくと、おもにキャブレター系のトラブルが多発する。
そのために、きょうは実働時間がすくなく、実のないいちにちだった。

幌カブで正月を祝う。こんなとき南極銘酒は心安らぐ

それでも行動できればみな嬉しそうで、夕食時の酒やはなしも弾み、顔もあかるい。

＊快晴。しかし風つよく気温もひくい。マイナス30℃にちかいとおもわれる。

きょうは久方に06号スノモに乗る。頬、足先がつめたい。

こうした隕石ヒロイをつづけていると、日本に帰ってからがおもいやられる。電車に乗ってもキョロキョロ、道を歩いても左右キョロキョロ。骨柄の賤しからざるはなし。

そののちA260※へ移動。JMR（衛星利用の探位置装置。いまでいうGPS）に拠れば現在地標高二九八九メートル。ここは三〇〇〇メートルの裸氷だもの、風つよく寒いわけです。

＊いよいよ押しつまり、きょうは大晦日。

といっても、いちにち太陽が沈むことのない南極の夏は、暮も正月もない。

きょうも南の裸氷へ。しかし、ここはまた、まったくなにもない処で、収穫ゼロの連中もおおい。当方人品の賤しくなるのを憂え、あまりキョロキョロせずに品よくいくことにする。

＊一九八九年一月元旦。という気持ちのあまりおこらない正月のはじまりだった。ここは未知の裸氷の真っただなかで、連続する緊張した探査のなかのいちにち、という感がつよい。
それでもきょうはいちにち仕事を休みにして（といってもこちらホンライの仕事は休めない）みな朝から幌カブで正月気分。

餅を焼いたり、おせちをつくったり。しかし餅も雑煮も旅行ちゅうの定番メニューなので、ことさらの目新しさもない。だが酒だけはこの日のためにとっておきを三種。一升瓶の天狗舞山廃吟醸、ドイツワイン十一地域のひとつプファルツの３Ｂ、ビュルックリン・ヴォルフとフォン・ブールの八三年を一本ずつ。３Ｂ残りのいっぽん、バッサーマン・ヨルダンはせんじつのクリスマスに開けた。

こういった銘酒が卓に並ぶだけで、なごみの雰囲気が狭い幌カブのなかを流れだす。よき酒はよき友。酒とは不思議なものである。

＊三が日が明けたころから吹きはじめたブリがまた五日ちかくつづいた。それがようやく収まり、快晴のいちにちとなる。
一月八日、ほんじつより年号が変わり〝平成〟とか。その平成元年のはじまりをもって、ながかったナンセン氷原の隕石探査終了す。

＊風つよく、地吹雪あり。
その強風をおしてキャンプ移動。視程のわるいなか、苦労しながら夜おそくまで（むろん明るい）かかって、Ａ２６０よりＡ３３０まで七〇キロメートルほどを進みキャンプ設営。

時間も遅い。手ばやく夕食を用意する。旅行ちゅうの長時間行動のしわ寄せは、どうしても食事にくることになりがちだ。やまのぼりは喰えるだけ上等とおもうのだが、飽食の時代ではそうはまいらぬとみえる。食いものでブツクサいうやつは育ちがしれるぞ。

＊ホワイトアウトで視界のきかないなか移動す。Ａ３５２まで行き、昼で行動をうち切る。
停滞の午后、開缶の秘儀をニンマリとたのしんだあと、口開けの№９６５ミクスチュアを愛するＤのポット（パイプの型名）に詰めてゆっくりと喫う。カーデューのモルトも旨い。マクサンス・ラリューのフルートもうつくしい。

家族の写真でもながめながら、つまらぬウサは烟《けむ》りとともに吹き流して、きょうこれからは貸し切りの雪上車のなか、ひとり、だれに邪魔されるでなく、だれに気兼ねするでなく。

さあ音楽もおわった。莨も切れた。すこしまどろむとするか。夕食の時間まで。冷たいシュラフのなかで。

＊南緯七三度強。今期旅行ちゅうの最南端を通過し、２０３０（午后八時半）まで動いてＡ４２４に到着する。
機械のＳが云う。南極の空はいつもあまり綺麗じゃないネ、と。

いつにないパステル調の空をみあげて、こちらも相槌をうつ。

雲ひとつない快晴の日でも、空はいまひとつ冴えない色だ（冴えないとはすこしばかり酷か。やさしげ、とでもいっておこう）。キリッと引き締まったところがまるでない。日本の冬の山のあのふかい茄子紺色の空をみよ。

ここ南極では空を限るもののないせいか、また光を反射する塵のすくないためなのか（これもすごい物理だ！）、だだっぴろい半球の地平はむろんのこと、芯になる天球の中心も、きれいな青や藍や紺になることはきわめて稀だ。ヒマラヤのジャイアンツ（巨峰）を限る空の、黒にちかい引き込まれるようなピーカン色！

いかに地上に地獄のブリザードが吹き荒れようとも、南極の空はいつも春風駘蕩、春の空だ。

＊晴れて風のすくない、暖かないちにち。

Sとふたり、雪上車516でのんびりと雪尺を測りながらいく。隊長の乗る先頭の503の立てた雪尺を一番手の我われがそのたかさを測り記録していくわけだ。

左手にベルテルカカの山、というよりヌナタークにちかい小群峰をみながらAの506へ。RYルートまであとほんのすこし。三〇キロほどだ。そこで既知のコースに乗れるのだ！

夕刻、やさしいばかりのその空のように平凡だった南極の雪原に事件が起きた、突然に‼

隊長と通信の乗った先頭の503が音もなく消えた。おおきなヒドンクレバスを踏み抜き、そのまますっぽりと垂直に落ちた。三〇メートルちかいクレバスの底に横倒しだ。

それだけではすまなかった。つづけてアクシデント！

怪我のひどい通信のKをようようクレバスの底から引きあげたのもつかのま、かれをべつの雪上車に運ぶ途中、あろうことか、付き添った医者のKが、516雪上車のすぐちかくで、あらたなヒドンクレバスを踏み抜き四〇メートル（それは十五階建てのビルの屋上から……）を墜落した。

あっというまに、隊員九人のうち三人がクレバスの底だ。

それは、いまにしておもえば、一月十三日の金曜日、午后八時の出来事だった。

この不幸な事故のために、旅行隊員九名はにどと懐かしのあすか基地に還ることはなかった。まる九日間の事故現場待機のすえ、ヘリでピックアップされ〝しらせ〟に収容されるという顛末におわった。（〝しらせ〟が南極にきている！なんという僥倖‼）

それにしても、悪夢のような〝事故現場待機の日び〟はわすれない。その現場ちかくの海、ブライド湾に廻航してくる〝しらせ〟を待って、怪我人三人を抱えた残党の六人は、焦燥のながきときをそのクレバスの辺《ほとり》ですごしたのだ。

だがこれら六人の焦燥をよそに、待てど暮らせど〝しらせ〟は来ない。強固なハンモックアイスに阻まれ遅遅として進めないのだ。ひどい日にはいちにち二マイル、六百回になんなんとするチャージングを繰りかえしているとＨＦの無線はしらせてくる。

にがい酒だった。いままでになく苦しい酒だった。

しかし、呑むことよりほかに、いまの自分らにはすることがない。

それでも倖いなことに、事故がおおきかったわりには、怪我人三人とも死ぬ生きるという事態には至らず、ひかくてき元気なのがなによりの救いだった。ベトナム戦争じゃあるまいに、救出を待つあいだ、戦友が刻刻弱っていくさまなどは、想像するだにおぞましい。

酒はあった。あのなつかしい〝南極モルト〟がもうひと缶、一一五リッターのステンレスコンテナーに丸ごと残っていた。その強い酒がふしぎとつよく感じられないのだ。そのまま飲んでも、水で割っても、お湯でうすめても酒はかわらなかった。酒のつよさが判らない……。

それは酒であって酒でなかった。ましてやそれは、あの苦労して手配した〝ピュアモルト原酒〟とはとてもおもえなかった。それはフシギな体験だった、といまにしておもう。

〝しらせ〟にピックアップされてそこで暮らすことになっても、しばらくのあいだ、やはり酒は不味かった。またしても酒は酒であって酒でなかった。

しかし、人間は痛みの感覚を止めおかず、忘れさることで、これまで数万年という永き時間を生き延びてきた。この人類の特技を身勝手とはとらないほうがよいだろう。そのお蔭で自分らも救われたのだし、そして旨い酒もふたたび戻ってきたのだから……。

そのご、いろいろのすったもんだがあったとはいえ、ともあれさいだいの気懸りだった負傷者たちは、南アのケープタウンからロンドン経由でわが日本に移送された。

いま、われら二九次観測隊（昭和越冬、あすか越冬）と三〇次夏隊を乗せた南極観測船しらせは、豪州シドニーに向かって、めずらしく波穏やかな暴風圏を進んでいる。

「さらば、南極大陸‼」……ほんとうによき酒はよき友だった。

番外編・耐寒について（その力をもたらすもの）

七月もなかを過ぎ、ようよう太陽が地平から数ヵ月ぶりに顔を覗かせる日もちかいというあるひ、この日もあい変わらずいつものパターンで風が吹き募っていた。それは極地特有の、いったん吹きはじめたら止むことをわすれたブリザード。息をつかない風雪。極より吹き降ろす恒常風カタバチック・ウインド※。しかし、いつもとすこしちがうのは、ほとんど雪を運んでこないブリザードであることだった。

そのとき、基地の建物からとおいデポ棚でひとり作業しているうちに、催してしまったのだ。室内の便所に駆けこむには、右斜めからの三〇メートルにちかい烈風をまともにうけて二十分はゆうにかかるだろう。こうなればとるミチはひとつ、なるたけ風を避けたデポ棚の翳とはいえ、吹きっ曝しで捲くるしかない。気温はマイナス30℃を切っている。

尻を曝して極寒の烈風に耐えれば、ヒトの身体にとっての〝血のめぐり〟というものがみえてくる。ひと拭きした紙がすぐに凍りはじめるのはとうぜんとしても、相方の尻の穴もなにやらジャリジャリしだしたかとおもうと、ただちに強張りはじめるのが常だった。

そんなはなしをすると、ひとは、細き身にとって南極の極寒・烈風はさぞ辛かろうと心配してくれるのだが、しかし、オアイニクサマ、太っているひとのほうがかえって寒がりということをご存じないとみえる。（皮下脂肪はかえって血管を圧迫するから）。

要はメグリだ。血液の循環なのだ。そして、それを支配するものはなにか？

そこで南極と耐寒。これについてはもうずいぶん研究もされてきたし、実地のノウハウも蓄積されてきたようだ。そのなかでも衣類（いまふうにガーメント）が肝心なことは、だれでもさいしょにおもいつく必須であろう。そしてもちろん、おなじ耐寒を要する冬山や遠征のように、重ね着（これもレイヤードといわねばならんか）がたいせつなのはいうまでもない。

南極はその絶対的な低温のほかに、さきにかいたカタバ風によるウインドチル（風冷え現象）を考慮せねばならない。それには綜体的な意味での重ね着もむろん重要なのだが、それとどうじに〝手袋〟〝フェースガード〟〝靴・靴下〟などの末端部の重要性にもこころしなければいけない。そこはいうまでもなく血の滞りがちな部位であるから。

また風が息をつかぬのだから、露出部に厳重な注意を払うことは極地の防寒の初歩の心得である。ことに風にやられやすい顔面は二重、三重の防御を施してあるのだが、それでもわずかの油断がたちまち顔に凍傷をつくる。隕石の探査で裸氷を駆けまわるとき、スノーモビルの隊員たちはこのことをみな身にしみて（ほんとうに身に滲みて！）しっている。

一枚のおおきな裸氷を探査するとき、何日もなんにちもおなじ方向に向かって行きつ戻りつをくり返す。風上に向かって走るとき、正面から吹きつける烈風には手のほどこしようがない。

それにたいして隊員たちはそれぞれ工夫をこらしていたようだが、その標準装備をのべれば、まずさいしょに薄い絹の目出帽《バラクラバ》、つぎに中厚手のこれも目出帽、そのうえにバイク用のフェースガードとゴーグルを着ける。眼鏡使用者にはゴーグルを着ける際、曇り止めにとくべつの工夫がいる。種を明かせば簡単至極。ガムテープを三角に折り鼻のなかほどに貼りつける。ただし附けるまえに粘着力をほどよく落としておくのがコツ。でないと剥がすときに酷いめに遭うだろう。これはそのミテクレから誰いうとなく〝烏天狗〟とよばれた。それから羽毛服のフード、そしていちばんうえに裏地がアルミ凝着のスペシャルヤッケを着る。これにはエスキモー風の（あるいは植村直巳風に）コヨーテ毛皮がフードに縫いつけてある。

そのほか、衣類の大略は厳冬期の冬山あるいはエクスペディションととくに異なったふうはない。しいていえば、これはなんども触れたことだが、南極はその降雪のすくなさ、あるいは積雪がちょくせつ昇華することによる、きわめて低湿度なるがゆえに、いま流行りの透湿素材の必要は薄いといえよう。

さて、衣食の衣はそれくらいにして、口からはいる〝ヴィタミン〟についてはどうだろう。

南極の食料が贅沢に豊富になったとはいえ、まだ冷凍食品や乾燥食料の占める割合はおおい。かなり大量に生鮮野菜を南極にもっていくこともいぜん触れたが、なにしろ収穫して三日といわれる保有ヴィタミンだから、永い越冬ちゅうではその効果のほどはしれている。そこで、たとえば所謂サプリメント（栄養補助食品）が登場する。末梢血管を拡張し血行をよくするといわれるヴィタミンEの錠剤や軟膏、おなじく身体のもつ抵抗力や免疫力を向上させるヴィタミンC。あたらしいところでは血流をサラサラにし、また赤血球の変形能をたかめるというEPA（エイコサペンタエン酸）はどうだ。

これらが激しい寒さに対抗する身体にとって、いかほどの威力を発揮するか、ある意味で科学の最先端南極では、それは、そしてここまでは、誰でも衣服のつぎにおもいつく耐寒対策のひとつだろう。

だがここであえて、いにしえよりいい古されたことども、しかしもっとも根本的とおもわれる問題を提起してみたいのである。

それはひとつ〝耐寒〟に係わるだけでなく、ひとの精神と肉体の双方にふかい影響を及ぼす〝食物の与えるちから〟についてかんがえてみたいとおもうのだ。

そしてそれは、みなさんがながねん親しんでこられた西洋医学や西洋栄養学、カロリー学説やらヴィタミン学説を批判することになるやもしれず、なにかと聞き慣れない、あるいは理解しがたいはなしに陥ることが予想されよう。

しかしそれは、よくかんがえてみれば、そんな西洋の学問がわが国に移入されるずっとまえから、もう永いこと我われの祖先が、あるいは東洋の民が実地に試し、それに依って生き抜いてきた〝実用弁証法〟なのだ。

そしてそれは、ひとことでいってしまえば〝医食同源〟、べつの云いかたをすれば〝食正しければひとまた正し〟あるいは〝正しい食を、正しい調理で、正しく戴く〟という、まことに平凡な実行のことである。

その実行にあたっては〝最高の判断力〟を発揮せねばならず、その判断力の依ってきたるところがこれまた、〝ただしい食〟なのである。そしてその実行が隘路や迷路に迷い込まないためのコンパスを〝洞察力〟という。

ここではなしを拡散の方向に展げず、〝耐寒〟のテーマに沿って進めよう。

まず我われの身体が暑さ寒さをかんじるということについてみれば、食物にも身体を冷やすものと温めるもの、細胞を緩めるものと締めるもの、広げるものと縮めるものがあることに気がつかれよう。生化学的にいえば〝カリ塩性〟と〝ナトリウム塩性〟。ことばをかえていえば、前者を陰性のもの、後者を陽性のものということができる。陰電子と陽原子核（エレクトロンとプロトン）、惑星と太陽、陰極（－）と陽極（＋）、夜と昼、冬と夏、空間と時間、拡散と凝縮、遠心力と求心力、吐く息と吸う息（呼吸）、上昇と下降、植物と動物、女と男……。

〝森羅万象、万物は陰陽より成る〟。これが東洋五千年の叡智〝易〟において説かれる陰（Ｙｉｎ）と陽（Ｙａｎｇ）。東洋医学、なかでも漢方の基本原理を成す〝陰症〟と〝陽症〟、〝虚症〟と〝実症〟の依ってたつ原理である。

はなしを食物にもどそう。ここで〝すべての動物は植物に依存する〟という大原則を頭にいれておきたい。いやそんなことは嘘だ。ライオンだってトラだって肉食だし、だいいち人間はなんでも食べるよ。オレ肉好きだし。というかたもおられよう。

しかしそのライオンやトラだって獲物とするのは草食獣であり、さいしょにかれらはその獲物の内臓からかぶりつく事実をみても、動物は植物によって生かされていることが解ろう。ひとの食する家畜も基本的には牛、豚、馬などの草食動物ではないか。

それにかれらの肉食が（適応可能な環境の隙間を占拠する、という今西錦司の生態学説からいっても）かならずしもかれらのバラ色の未来を約束しているとはいいきれない。食物連鎖のピラミッドの意味するものは、その頂点の行く末を暗示しているかもしれないのだ。その適応のキッカケすら、あるいは〝やむなく〟かもしれないのだから。

まして人間に於いておや。すでにこころある人びとは肉食の害に気づきだし、あの肉食王国の欧米人たちも、遅まきながらとはいえかれらの永年にわたる食生活を反省しはじめている。

おもいだしてもみよう。西欧の先住者たちのその北に偏した狭き国土。そして欧州大陸に二万年から百万年前までのあいだに起った、四回もの大氷河期と間氷期。その適応のスキマがもたらした必然的な植物性食物の不足と已《や》む莫《な》い肉食のはじまり……。

なにごとも自分たちからはじめようとせず、ソトから（ことに西洋から）はいってきた知識情報によって踊りはじめるというかなしき性から、さいごまでとり残される運命にあるかにみえるわれら瑞穂の国（穀菜食！）の民たち。

獣肉が死後硬直時にはそのプリン塩基や尿酸などの老廃物の毒性ゆえに食用に適せず、第三腐敗期になってはじめて食用可能になるという事実。それも〝酸毒〟（酸性化という名の毒性化）の危険を冒して。酸毒思考の地獄に落ちて滅びていった古代ギリシャ、ローマ人たち！

イヌイット（エスキモー）の人たちはどうなんだ、というひとがかならずいる。極寒の涯てに適応したかれらは、やはり〝適応のスキマ〟のヤムナク組であり、その食生活の意味するものを熟考すれば、かれらがひじょうに短命（平均寿命二七・五歳⁉）なこともよういに理解できよう。かならずしもアルコール飲料だけがかれらの未来の翳りを暗示してはおらなんだ！

ましてや腸のながい米食の日本人が南極へいったからとて、ただちに肉食にすればこと足れりというものでもなかろう。

先住ヨーロッパ人においても、さいしょは射止めた動物（それはトナカイなどであったろう）の胃袋の中身を口にした。その草食動物の胃のなかには形こそちがえ、ほんらいの食料である植物（苔）があったから。むろん状況の酷しさはそれだけですますことを許さず、やむなくほかの内臓や肉も食さざるをえなかっただろう。そして火を使うことを覚えた人類は肉を焼く旨さをしった。享楽食のはじまりである。

「肉食動物や雑食動物が、動物の肉を食べた場合、肉に含まれる蛋白質は、いったん炭水化物の姿に戻り、その後改めて、その動物固有の体蛋白に組み立てられる。

結局、肉食するということは、間接的な草食もしくは菜食をしているということになる。

肉食は、〝肉類の蛋白質を炭水化物に還元する〟という余計な作業を、たえず課せられている」森下敬一。

肉食の陽性は太くみじかく、植物食の陰性は細くながく。瞬発力のスタミナと持久力のスタミナ。それぞれの食の意味するものはちがう。

植物体のクロロフィール（葉緑素）のMgをFeに転換するだけで動物の血液に変化するという玄妙不可思議。いうまでもなくFeは血中へモグロビンの重要な構成要素だ。このフシギな原子転換についてより詳細な知識を得たくば、ルイ・ケルブラン著『生体による原子転換』をおよみいただきたい。必須アミノ酸などクソ喰らえだ。

よし君のいうことはわかった。しからば植物食で生命を維持できるか？

無論！牛をみよ。兎をみよ、馴鹿《トナカイ》をみよ。君は肉食するウサギをみたことがあるか！

ひともしかり。人類はがんらい穀菜食動物である。己が歯列の構成割合をみよ。禅僧の日びの食をみよ。かれらの健康、かれらのスタミナ。あの超人的な千日回峰行をどう説明するのか。我われはせっかく手中に珠をもちながら、それに気づこうともしないでいる。そこでこそ、〝耐寒〟の問題も論じられるというものだ。

冒頭の〝血のめぐり〟にもどってほしい。そこでは太っていることも痩せていることも関係はない。（極北を駆ける肥えた狼など想像しがたい。それはマンガだ）。ましてやあの愚劣な平均体重など。どうしてこうも我われはある枠内に収まることを慾するのだろう。他人とおなじでないと安心できないのはナゼだろう。

たいせつなのは、身体の隅ずみまで最上の血液を送りこむことだ。〝浄血〟と〝汚血〟。この浄血をつくりだすことだ。そしてそれには〝腸の重要性〟を見なおすことだ。

千島・森下学説の〝腸造血理論〟を俟つまでもなく、腸は人体の原子炉なのだ。腸では人体内最大の原子転換をおこなっている。しかしまあそんな小難しいことは、ほんとうはどうでもよろしい。人体には〝自然良能〟という偉大なちからが秘められている。

ならば浄血の実践とはなにか？　それはひとことでいえば〝腸の宿便を抜くこと〟、いや宿便がつくられるような食物を摂らないコト、食生活をせぬコト、これに尽きよう。腸内で異常発酵した宿便や食物残渣の毒素が血液に回って〝汚血〟をつくる。

〝食正しければひとまた正し〟。無茶苦茶を悔い改め（食い改め）、食の原点に戻ることだ。

されば〝食の原点〟とはなにか？　それは古人のおしえるところの〝一物全体〟、〝身土不二〟の原則にしたがい正しい食をこころがけることである。

それでは〝一物全体〟とはなにか？それは部分食を戒め、全体食を実行すること。ぐたいてきには野菜の皮も剥かず、晒さず、茹でこぼさず、葉から根まで余さずいただくこと。この意味で白米よりも玄米がよろしく、一番粉より丸っ挽きの蕎麦粉がよいということ。いってみれば蒔いて芽のでるもの、生命力のあるものがなによりだいじという訓え。だからかりに魚を食べるとて、マグロの刺身やブリの照り焼きなどの部分食は避け、水に放てば泳ぎだすもの、イワシやアユなどを頭から骨から尻尾まで（ワタもむろんのこと）ありがたくいただくということ。

「生命体は死物さえ活性化して利用する力はあるが、栄養素間の釣り合いという段になると、玄米や豆のように蒔けば芽のでるという、生きているものをとるのが、もっとも釣り合いのとれた食事なのである」小倉重成。

部分の寄せ集めがはたして全体になるか。既知の物質を綜合して生命体がつくれるか。覆水盆に返らず。こころすべきことではあろう。

では〝身土不二〟とはなにか？身体と土はふたつならず。その棲む土地のその季節にできた物を食すということ。瑞穂の国にいながら異国の食物を摂ることの戒め。それは国内に於いても、北海道にいながら九州の産物に手をだすということ、冬なのに夏の作物、身体を冷やすトマトやナスやキュウリなどを過食すること。また季節ハズレやハシリ物もむろんご法度。

　この〝旬〟というかんがえかたはたいせつなことで、なればこそ春には冬のあいだに溜まった毒素を洗い流すヴィタミンやミネラルの豊富な葉菜や山菜が芽吹き、夏には身体を冷やす陰性な果菜が穫れ、秋には寒い冬に向かう身体をつくる穀類、豆類を恵んでくれる。冬には身体を温める陽性なゴボウ、ニンジン、ダイコンなどの根菜を主としていただくのがよろしい。秋ナスは嫁に食わすな。夏餅はイヌも食わぬ。

　理解していただけたろうか。

　判断力の狂いと曇りを除きたい。洞察力をたかめたい。さすれば〝耐寒力〟などしぜんに従いてくるだろう。

　冬に窓を開け放し、褌一丁で青ダタミにひっくり返って高鼾、という古人の顰《ひそみ》に倣い、またそうなることを夢みつつ了りにしたい。


「人間は一度失敗する理由を持っていれば、百のバリエーションをもって千の失敗を繰り返す。誰でもかれでも前科百犯だ」　辻まこと。

セール・ロンダーネの名峰バウターエン。むろん未踏峰だ

裸氷の神秘、ウインドスクープの縁にて

第二部　南極酔いどれ船

ブリザード吹く日の“あすか”

たなばた祭の日のドイツワインと料理

基地の酒

きょうもそとはバード氷河颪《おろし》のブリザードが吹いている。

隊員のいちにちは、たいていブリの音ではじまり、ブリのなかで活動し、ブリの哭く声を肴に酒を飲み、ブリの咆哮を子守唄にほろ酔いの身体をよこたえる。男十人で越冬する日本第三番目の基地（観測拠点）"あすか"はそんな天気のわるい処だ。おまけにいまの季節、六月二十日前後（日本でいう夏至）を中心に二ヵ月ほどは、太陽が地平から顔をだすことなく、いちにちぢゅう闇の世界だ。

この六月の暗い日びのなか、二十日、二十一日、二十二日の三日間、南極では"ミッドウインター祭"と称して"昭和"も"あすか"も（そしてたいていの世界ぢゅうの基地も）、この日ばかりは無礼講で酒を飲み料理を喰らう。むろんお祭り騒ぎの催し物の数もおおい。

調理担当としてこの三日の祭りを、飲食にかんしてはつぎのように計画していた。

第一日は中華料理のコース。酒はモルトを中心としたスコッチウイスキー。アトラクションとしてスコッチの唎き酒大会。

第二日目は洋食のコース料理とドイツ銘醸ワインを。

最終日第三日目は、にぎり鮨と和食、酒は日本酒。アトラクションは吟醸中心の日本酒唎き酒大会。アフターディナーにはドイツワインとコニャックなど。

第一日目の六月二十日。前夜祭の麻雀大会（故西堀栄三郎氏があれほど云っているのに、こいつのすきなヤツがおおいのだ。ちなみに〝あすか〟では、それのできない矢内桂三隊長と調理を除くと、八人でちょうど二卓を囲める）の疲れが残っているようなので、午前ちゅうは朝昼兼用のブランチにして、早ばやとほんじつの第一種目、自転車漕ぎ大会となる。なんともハヤ健全な、健康すぎてコトバもない！

自転車漕ぎでひと汗流したあとは、唎き酒大会パートワン、スコッチウイスキー八種の登場となる。シングルモルト四種をメインに、シングルグレイン一種、ブレンデッド二種、五九度のバッティングモルト（南極モルト）一種だ。

テイスティングの方法は、こういったことに慣れていない者のおおいことにかんがみ、まず、八種類の瓶をならべ、その前におなじ酒をグラスにそそいで置く。そして一番から八番まで番号を附けたべつのグラスにそれぞれの酒をいれそれを順不同にして、この番号入りのグラスと銘柄の判っているグラスを較べ、一番から八番までの酒の銘柄を当てるというものである。

煩瑣《はんさ》を承知で唎き酒のながれを追ってみよう。

さいしょにグラスにそそがれた酒の色調を較べてみる。〝ザ・マッカラン〟〝キャメロン・ブリッジ〟〝ジョニーウォーカー・黒〟〝南極モルト〟が色濃い。

つぎに香り。アイラの〝ラガヴァリン〟はその独特の海藻ピート香（というより消毒薬《クレオソート》の臭い）ですぐわかる。キャメロンはピート香がまったくない。マッカランは円熟した華やかな香りがあり、ジョニ黒はティピカルでほどよいピート香である。

口に含んでみる。〝グレンモレンジ〟と〝ローズバンク〟はともに色は淡いが、モレンジは香りよく味にふかみがあり、ローズバンクは味にカドがなく穏やかなよさがある。キャメロンはウイスキーというより、よくできた焼酎の古酒といったかんじ。五九度南極モルトは酒の濃さとつよさで決まり。〝シーバスリーガル〟は穏やかなやさしい飲み口で、ピート味香よりもシェリー樽風味に振った、日本人には飲み慣れたブレンデッドだ。総じてシングルモルトは個性的なよさが光り、たいしてブレンデッドは親しみやすいが強烈な個性に乏しい。

ここまで判ると解答はだしやすい。なんと全問正解が二名もでた。

侃侃諤諤のすえ、唎き酒大会がおわると、おなじ酒にチェイサーを添えたり、オンザロックスにしたりで、中華料理コースへと雪崩れこむ。

ロックスにつかう氷は、いわずとしれた〝南極氷〟。酒に浮かべるとピチピチと音をたてて弾け、数万年前に閉じ込められた空気がいま蘇り、これを南極のロマンとよんでいる。

このロマンに魅せられた男が『南極でオンザロック』などという題名で本をかいた（高橋三千綱さんゴメン）。かれはゆうめいな南極男村山雅美氏を隊長とするテレビ朝日飛行隊とともに、ツインオッター機で一九八七年末から八八年一月なかばまで、わが南極あすか基地を訪れ滞在した。かれとはブリザードに閉じ込められた無聊の日び、痛飲と歓談のときを過ごした。

高橋氏の夢もわからぬではないが、それはあくまで暖かな室内でのこと。かれの夢みた南極の大雪原でのオンザロックスは、ことに内陸にはいり込めばこむほど、ことほど左様にはまいらぬ。

屋外のマイナス数十度の気温で冷えにひえた氷と酒は、たとえグラスのなかでマリッジされたとて、ちょっとも融けてはくれないのだ。したがって、いつまで待っても古代のロマンは甦らない。


明けて二十一日、二十時二十一分に冬至点を迎えるミッドウインター当日、この日は午前ちゅうから子供にかえって輪投げだと！　午后からはウイスキーもはいらぬのにダーツ大会とはこれ如何に？

それから全員正装してメインディッシュのテーブルに臨んだ。きょうのメニューは洋食のコース料理に七種のドイツ銘醸ワイン。苦労して運んだワインも、ようやく旅の疲れも取れてきたようだ。我われの身体のほうも、ながい室内での暮らしで、コンディションのほうは微妙なワインや吟醸酒を味わうに吝かでない。

越冬隊長のお決まりのひとことと乾杯のあとは、まず豪州の生牡蠣をよく冷えたブールのゼクト（独逸発泡ワイン）とショアレマーの〝オーリヒスベルク〟でいただく。

つぎなるおなじショアレマーの〝ユファー〟は、あのすばらしかった六七年物とは較ぶべくもないが、それでもそのよき酸がマリネやサーモンとよく調和する。プファルツの〝ゲヴュルツトラミーナー〟は、かの地のつねで乏酸の傾向はまぬがれえないが、ほんのりとした甘さが白身の舌平目とよくマッチした。すこしばかり香りのつよさが気になったが、このトラミーナー種のスパイシーな匂いがみなの気にいったようだ。

そのご、ハールトの〝金の雫《ゴルトトレップヒェン》〟・カビネットで舌を休めて、メインディッシュの和牛のステーキとオーストラリアの巨大ロブスターを二種のシュペートトレーゼでやっつける。ハールトの金の雫はカビネットどうよう、このシュペートトレーゼもいまだ旅の疲れがとれないのか、あるいはそのまま蘇れないのか、フラットなまま沈黙してしまった。プファルツの３Ｂ、バッサーマンの〝イェズイテンガルテン〟・シュペートトレーゼは、どことなく田舎くさいアーシーなかんじが、ゆったりとしたおちつきをみせ、もう二、三年寝かせればより貫禄を増すものとおもわれる旨酒だった。

こんな云わずもがなを喋りながら、賑やかな食事がすむと、それぞれに好みのスピリッツを抱えこんで、第三部のカラオケ大会がはじまる。シングルモルトに手をのばすもの、コニャックを嘗めはじめるもの、怪しげなカクテルをつくりだすもの、〝久寿〟や〝文蔵〟（ともに焼酎の名品）をやりはじめたヤツもいる。卓上に輝くブルーリモージュのオタール・フランソワ一世だけは明日の打ち上げまで手はださないこと。

〆の二十二日は艦上でも基地内でも南極の定番ゲームといっていいキャロム大会。こいつだけは〝しらせ〟や〝あすか〟で暇があると励んでいたやつの勝ちだ。まあいってみれば、これはオハジキの延長のようなゲームである。

それはそれ、まずは順当な結果でキャロムがおわると、第二部の日本酒唎き酒大会の幕開けである。その要領は第一回のスコッチとどうようのもの。酒は八種類で吟醸六種、純米一種、比較のために普通酒をひとつ混ぜてある。

唎き猪口ではなく透明なワイングラスを使用したため、色で判断するのはなかなかむつかしい。"大関"と"西の関"は吟香がないからすぐ判る。"千代の園・エクセル"はたかい吟香と独特のクセのつよさで決まる。"梅錦"も酒の重さとコク味のふかさが判断のきめてとなる。たいして"白瀧"は清清しい吟醸香とバランスのよさが光る。

"まんさくの花"と"惣誉"と"龍力"はすこしばかりむつかしい。どれもこれといってつよい吟香はないが、"まんさくの花"の吟醸味のよさとやさしさは秋田流か。"惣誉"の群を抜く格調のたかさと凛として張りつめた味は、孤高の麗人をおもわせる。"龍力"もつよくはないが典型的な吟香吟味と酒そのものの旨さがある。

たのしくもまたむつかしい唎き酒会であったが、けっきょく全問正解はただひとり。それもすべてのグラスを一気に飲み乾した豪傑だった。当方エエカッコシイで口に含まず、色調と香りだけで判断したのが裏目にでて、パーフェクトを逸することになってしまった。

このあと、腕に覚えのある矢内隊長が"あすか鮨"を開店する。この日のためにホンモノのカウンターから冷蔵

ミッドウインター祭〆の二十二日。
"あすか寿司"を開店する

ショーケースまで持ち込む凝りようだった。

酒は唎き酒につかったものでいき、印半纏も勇ましい隊長お手間いりのにぎりをいただく。そのかれの技量はなかなかのもので、それもその筈、プロの職人手ずからのお仕込みなのだ。それというのも、隊長がいぜん二度ほど南極に越冬したときの調理の隊員が、東京六本木で名のある鮨店を開くご店主だったというワケ。

さてそんなご自慢のにぎりにも堪能したあとは、チーズを肴にワインとコニャックなどを飲みつつ、またしてもカラオケに突入する。まあ酒と食いモノと唄くらいしかないといえばないのだから、致しかたあるまいネ。

それにしてもこのコニャックはみなの期待のひと品で、きょうのためにその所有者のSは、封を開ける誘惑にじっと耐えてきたのだ。そのコニャック、オタール・フランソワ一世のリモージュ焼の瓶の封をいよいよ切ることになる。日本ではその価格の驚異的な高価さでしられるセンチュリー・コニャックのフタを。

さてその酒の味香は如何だったか⁉ それはだいたい予想していたとおりに、アルコール分は程ひくくなっており、三八度くらいにかんじられるものだった。このペールな色調となったコニャックは、若いオタールのもつクセのつよさは微塵もなく、百年ものという触れこみをそのママ信じれば、残《のこ》んの香りと円やかに枯れた喉越しだけが際だつのだった。

こうした得難い体験などをない交ぜて、〝あすか〟ミッドウインター祭最終日の健全な夜は更けていった。そしてこの日（正確には昨日）を境に南極では太陽の地平に顔をのぞかせる日がちかづいてくる。そう、春がくるのだ！

まさか、いまだに南極では乾燥食料と缶詰がすべてとおもっておるかたもあるまいとはおもう。それどころか、いまやハイテクの冷凍技術にささえられて、ご当地南極でも美食の時代とでもよべるようなありさまなのだ牛肉や羊肉、いちぶの海産物（ロブスターやカキなど）や生鮮野菜は、往路、豪州西海岸のパースやフリマントルで高品質のものが、おどろくほどの安価で手にはいる。そして保存のしかたによって、キャベツ、ジャガイモ、タマネギなどは一年ちかくも保つのである。

余談になるが、南極はその低温、低湿度、細菌のすくなさゆえに、食品の変質はきわめてすくない。米や小麦粉などは数年経たものを詳しく分析してみても、ほとんど変化がみられないという。

そんなわけで、〝飽食の南極〟などと口ばしって顰蹙を買うのだが、そんな南極の食生活のなかで、おどろいたことに酒のおかれた立場はあまりに貧相、酒ずきのものには声もでないということになる。

その声を大にして云うのも憚《はばか》られるが、一例を挙げればウイスキーは某大メーカー製、日本酒は某某ナショナルブランドの普通酒、ワインに至ってはたんに赤、白、ロゼといったぐあいだった。一年いじょうにわたる越冬ちゅう、たのしみといえばまずはなんといっても酒に食ではないか⁉（むろん、けしてそれだけではあるまいが……）。

まあそれにしても、寄贈以外のすべての酒は免税にして仕入れるのがたてまえであるから、多種に及ぶ、それも少量の酒までその手続きをするのは、調理担当にとっても、業者にとっても、煩瑣このうえないのはよくわかるのだが。

酒集めの実際は、やってみると、これはほんとうにたいへんなコトだった。全十一地域の主だったドイツ銘醸ワイン、地方のちいさな焼酎蔵の酒、九州から北海道までの撰びぬいた銘吟醸（四十四場、五十七銘柄、四合瓶換算で約二七〇〇本）。こういった得難い酒を集めろというのは、観測隊お出入りの従来からの業者にはまったく荷が勝ちすぎているとおもわれた。

そこで、ワインをつうじていぜんからしりあいの、ある問屋さんにお願いするしかなかった。全国の清酒蔵や焼酎蔵には自分でていねいな、熱のこもった依頼の手紙をかいた。

ありがたいことにその問屋さんには、お国のために（ばかりでもなかろうが）こころよくひき受けてもらえた。多種にわたる酒の免税の手続きいがいにも、南極向けの積み荷には独特のやっかいな梱包や手続きがあり、儲けをかんがえたらとてもできぬご苦労であり、頭のさがるおもいがいまもこころの裡にある。それかあらぬか、げんざい越冬ちゅうの第三〇次隊は、予想したとおり？　もののみごとにもとの木阿弥。入手のみちだけはつけておいたというのに……。

さいごに、〝南極酔いどれ船〟という不謹慎な題について、蛇足とはおもうが、少少の釈明をさせてほしい。

調理場にて。狭い場処だが、わがお城

とうぜんのことながら隊員たちは酒を飲むために南極へきているわけではないのだから、朝から晩まで酩酊しているはずもない。しいて謂えば南極の酒に山に自然に酔い痴れているのは、ひとり脳天気の料理長だけということになろうか。さいしょにかいた、あの狂乱のミッドウインター祭での隊員諸君の健全健康な紳士ぶりをみても、それはわかろうというもの。

それよりも、この南極の大雪原を雪上車やスノーモビルで二ヵ月も旅していると、海と沙漠のアナロジーがしぜんと納得できるようになる。サスツルギに揺れる雪上車は、さながら大波に翻弄される大海の小舟だ。それはなみたいていの揺れではないのだ。

酔いどれ料理長はそんな南極の酔いどれ船516号雪上車にうち跨って、白い沙漠をきょうも征《ゆ》く。

【ミッドウインター・フェスティバル】 メニューとテイスティング・ノート

★一日目、1988年6月20日

【中華コース】

＊前菜・クラゲ酢の物、バンバンジー鶏

＊小エビのチリソース　＊北京ダック　＊酢豚

＊モヤシ揚げソバ　＊中華玉子スープ

≪スコッチウイスキー唎き酒大会ノートより≫

＊ザ・マッカラン12年

色濃く、スムーズな香りよし。シェリー樽からくるほんのりした甘さ。余韻はながく、アフターディナー向き。だがそのせいか、飲みつづけるとふしぎと飽きのくることがある。しかし堂堂たるスコッチモルトの雄であるのはまちがいない。

＊グレンモーレンジ10年

華やかなそれでいてすっきりしたピートの香り。喉越しはスムーズ。ほどほどのコクがあり、バランスもよくいつまでも飲み飽きしない。ちょっと離れ難い酒。

＊ローズバンク8年

ローランドの特徴をよくだした、香り、味ともにやわらかみのある調和よき酒。軽くてすこし辛口仕立ての、アペリティフ向きのモルト。

＊ラガヴァリン12年

特徴ある、そのつよい海藻ピートのフレイバーは、香よりも味にくる。まごうことなきアイラモルトのクセつよし。香りのラフロイグ、味のラガヴァリン。

＊ヘイグ・オールド・キャメロン・ブリッジ

このシングルグレイン・ウイスキーはピート香はないが、よく寝かされてクセのない、まろやかな飲み口のよさがある。

＊シバス・リーガル

とりたててつよいピート香やフレイバーはないが、すぐれたバランスで飲みやすい、日本人向きのスコッチ。

＊ジョニーウォーカー・ブラック

しっかりしたピートの香り。ティピカルで伝統的なブレンデッド・ウイスキー。

＊南極モルト（59%ヴァッティングモルト）

スコッチのモルト（品名不明）とオーシャン軽井沢10年のヴァッティング。アルコール度数はほぼ60%の原酒そのもの。まったりしたコク味はつよいが、少少ベッタリした重みが気になる。

★二日目、1988年6月21日

【洋食コース】

＊生牡蠣カクテルソース

＊タコ、イカ、ホタテ貝マリネ

＊スモークサーモン

＊ソール・ボムファム、温野菜添え

＊牛上ロース肉グリルステーキ

＊ホール・ロブスター、ソース・ナンテュア

＊フロマージュ盛り合わせ、フルーツ盛り合わせ

＊ケーキ、コーヒー

≪ドイツワイン唎き酒ノートより≫

＊ゼクト・ライヒシュラット・フォン・ブール

酸のよく利いた、リースリング種の旨みある辛口のゼクト。

＊81年・ヴィントリッヒャー・オーリヒスベルク、カビネット、ショアレーマー

ショアレーマーのひかえめながら堅実な旨さ。モーゼルの爽やかさはあるが、中部モーゼルのコクとふかさはすくない。

＊82年・ブラウネベルガー・ユファー・ゾンネンウーア、カビネット、ショアレーマー

小瓶のためというわけでもあるまいが、ユファーのしっかりした味筋はない。しかしモーゼル特有の旨い果実酸は健在。

＊84年・デュルクハイマー・フォイエルベルク、カビネット、ゲヴュルツトラミーナー、クロスター・リンブルク

プファルツの常で乏酸の傾向にあるが、トラミーナー種のスパイシーな香りよく飲みやすい。コストパフォーマンスに勝れる。

＊85年・ピースポルター・ゴルトトレップヒェン、カビネット、R・ハールト

フラットでブラントなまま蘇れなかったのは残念のきわみ。

＊85年・ピースポルター・ゴルトトレップヒェン、シュペートレーゼ、R・ハールト

この酒もむかしを恋うるような情けないことになってしまった。南極の過酷な環境のなか、バランスが崩れたまま回復できなかったか！？

＊85年・フォルスター・イェズイテンガルテン、シュペートレーゼ、B・ヨルダン

3Bのひとりバッサーマンのイェズイテンガルテンはもうプファルツそのもの。やはりバッサーマン・ヨルダンもシュペートレーゼがよろしい。

★三日目、1988年6月22日

【和食・鮨コース】
＊にぎり鮨・上まぐろ赤身、マグロ・トロ、イカ、タコ、ホタテ貝、カズノコ、シシャモッコ
＊刺身・フグ、クジラ、カツオ・ロイン
＊マイタケ清し汁
＊雑煮、卸しモチ、納豆モチ
≪日本酒唎き酒大会ノートより≫
＊大吟醸・まんさくの花
爽やかさのなかにほんのりした秋田流をかんずる味吟醸の旨酒。
＊大吟醸・白瀧
たかき吟香、豊潤な吟味。バランスよき味香。やさしさのなかに一本筋を通した新潟酒のよさ。
＊大吟醸・惣誉
力づよい主張はないものの、調和のとれた床しい吟醸。凛と張りつめたうつくしさは見事だが、ただその繊細さをあぢわうとなると、極地の環境は少少きびしすぎるか。
＊大吟醸・龍力・米のささやき
つよくはないが、ティピカルな吟香吟味。米そのものの旨みをかんずる。
＊大吟醸・梅錦
味の濃さとその極味は独特。純米酒でしかも愛媛酒のため、わりと重く甘めの酒。吟醸の草分けの貫録はさすが。
＊大吟醸・千代の園・エクセル
華やかな吟香。つよい吟味。ワイン瓶にコルク栓という熟成もみこしたこの手の酒の嚆矢《こうし》。個性あふれる酒。
＊純米・西の関
派手さはないが落ちついた滋味あふれる純米酒。地元ごのみに酸はすくなめで甘のほうに振っている。極地にあってこころ安まる好酒。
＊大関ワンカップ
普通酒の代表として。
《アフター・ディナーのワイン》
＊83年・ピースポルター・ゴルトトレップヒェン、アウスレーゼ、R・ハールト
まえのカビネット、シュペートレーゼと異なり、その甘味のおかげかバランスの崩れすくなく、むかし馴染みのなつかしい、蔵カビをおもわすブケが漂う。
＊85年・エルバッハ・シュタインモルゲン・ＱｂＡ、シュロス・ラインハルツハウゼン
格はＱｂＡだが由緒ただしきラインハルツハウゼン城の味筋を保持する。それは、まごうことなきこの城特有のものだ。

旅の酒

ブールのゼクトが噴きだした。

きのうやきょうのワイン飲みじゃあないんだから、お祝い事だからといって、景気よく発泡酒のコルクを抜いたりなんかするはずもない。

いつもどおりに、慎重に栓を抉じ開けたのだが、標高三〇〇〇メートルの高地の気圧は、この貴重なスパークリング・ワインの三分の一がとこを幌カブのテーブルのうえにブチまけた。

ここは南極セール・ロンダーネ山地の南に広がる、ナンセン氷原の大裸氷帯《ベアアイスエリア》のただなかだ。

われらの越冬基地〝あすか〟は、このセルロンの北三〇キロ、そのまた北の海岸、ブライド湾まで一五〇キロメートルほどの距離となる内陸にある。日本のメインベース〝昭和基地〟まで直線で約七〇〇キロ、東京からだと北海道にとどいてしまう距離なのだ。

その〝あすか〟を十一月十三日に出発し、セルロンをおおきく半周した旅の途次、きょうは大雪原で迎えたクリスマスの晩というわけだ。

晩といったって、いまは南極の夏のはじめ、いちにちぢゅう太陽の沈まぬ南極の夏でも、日本の冬至にあたるいまごろは、二十四時間お陽さまは頭上ひくくに（たかく、と云いたいところだが、最大南中高度でも６３度ほどにしかならない）輝いているはず。

だがいま幌カブのそとはブリザード。きのうの昼すぎから、南極特有の〝息〟をつかないブリがモウモウと吹きはじめた。

きのう、次隊三〇次隊との引き継ぎのため、いっとき〝あすか〟に帰投していた矢内隊長が、基地保守のためのこしてきたわが二九次隊員三人を引き連れ、一年ぶりの家族、友人の便り、新鮮ビール（！）、新鮮野菜・果物などを携えて、古巣の南極幌馬車隊に還ってきたのだ。

これで、別隊と夏期間の行動をともにするひとりの雪氷研究隊員をのぞき、われら旅行隊はようようフルメンバーの九人になった。

セール・ロンダーネを一周して来年の二月のはじめ、〝三〇マイルポイント〟で最終的に既知のルートに乗ってこの旅のおわるまでのこれから一ヵ月あまり、この九人のメンバーで未踏の地の調査旅行をつづける筈であった。あの不幸なクレバス転落事故がなかったならば……。

あるいは仏さまのタナゴコロなのかもしれぬとはいえ、さきになにが待ちうけているのか、神ならぬ身、しるよしもないわれら九人は、この激しいブリザードをさいわい、新鮮な食料品（レタスまであるのだ。憧れのパリパリ音のするサラダ！）に舌鼓を打ちつつ、これもとっておきのバッサーマンのシュペートレーゼをかたむけるのだった。

これらの繊細な醸造酒を過酷な旅行にわざわざもってきたのは、じつを申せばほんのご愛嬌のつもりで、この極限の地で飲んでみる、というところに興味と意義がある。いくぶんかの期待もないわけじゃなかったけれど、さいしょからこんな環境で、微妙なところを唎き分けてたのしもうとは、おもってもいなかったのだ。

ここで調理担当の旅行ちゅうのいちにちを記してみたい。

雪上車に牽かれる幌附きのカブース（幌カブ）が、南極幌馬車隊の食堂兼サロン、むろんここが仕事場だ。みんなよりひと足はやく朝六時には起きだす。まいにちマイナス20℃のなかで目覚め、マイナス30℃のなかで活動し、またマイナス20℃のシュラフに這いこんで眠る。

雪上車の暖房は燃料節約のために夜間は切られる。だから朝起きれば、顔のすぐうえのひくい天井とシュラフの口元は霜でまっ白というわけだ。

夏の旅とはいえ、南極内陸高地の旅行はそんなまいにちのくり返しだった。

さて、ブリもなく、視界もよくていちにちの野外調査ができそうだとみると、すこし離れたところに並べてある旅行橇の腎でまず用を足す。朝のオツトメもこれがブリのなかだと悲惨の二字だ。

それから幌カブの入口になっている吹流しの、しっかりと結わえつけられたロープを解く。これもコチコチに氷結しているると手間のかかることおびただしい。

なかに這い込んで暖房用の石油ストーブの火を点け、調理用の燈油バーナーにプレヒート用のメタをいれ、ポリバケツをもってまた外にでる。飲用、調理用の湯水をつくるための氷採りである。氷ならばツルハシ、雪ならむろん強力《ごうりき》印のスコップだ。

ちょうど湯が沸くころ、いいタイミングで早起きの矢内隊長の一番乗りだ。朝食はインスタント麺や餅、和定食（味噌汁、焼き海苔、納豆、漬け物）がおおいが、みなの希望（?）で三日にいっぺんは朝から鰻丼だ！これがたのしみで、ダブルなどという二段重ねの不気味なヤツをたいらげる隊員もいる。

昼食は探査にでるときは麺類やパンにする。いれる具や調味料、鍋や火器（ガスバーナー）は忘れられないが、トースト用の餅焼き網もなくてはならない。

みなよりすこしはやく探査を切りあげ、雪上車の後部キャビンで食事の用意だ。せまい場所（通常の調理場である幌カブもけしてひろくはないのだが）なので、探査隊員が五人のときはまだよかったが、七人、九人となると前部運転席をつかっても押し合いへしあいだ。

夕食時もむろん〝調理担当〟だけは探査はやめに切りあげて幌カブにもぐる。手ばやく肴を二、三品つくり、ウイスキーや缶ビールをならべる。それからおもむろに主菜づくりだ。

南極では基地、旅行をとわず、どうしても肉料理が主体になりがちなのだが、魚好きのおおいわが隊は、基地ではむろんのこと、旅行にでても魚介類をつかった鍋物をだす日もしばしばのことだった。

この夕食にかぎらず、全食事のメニューは所謂〝レーション・システム〟というものに拠る。これは我われが独自に作成したレーション・マニュアルに基づいて、六日間をワンレーションとし、五人、七人、あるいは九人分を〝中ダンボール〟に詰めていくものだ。

この作業は仕事のひかくてきすくない冬のあいだに、基地のなかですませておく。つくったものは順に戸外の旅行用橇に積んでいけば、そのママすなわち冷凍になる。

いぜんの四日ワンサイクルから、六日に延ばしたのだから、厭きがくるのも遅いものとおもわれた。しかし、じっさいはその日のみなの希望をとりいれ、好みのものから食べることもおおいので、六日を待たず二、三日でおなじ材料のでてくることがママあって、どうしても鼻につく食材がめだちがちになるのは、これは避けられないことだった。

かぎられた装備でおこなう探査旅行なのだから、主食の材料にしても調味料にしても、その種類には乏しく（量だけは豊富だ）、調理に変化をつけ難いのもじつにこまった。

隊員たちは南極で二回の正月を迎えた。

去年の正月は南極に着いて前隊との引き継ぎをすましてすぐのテンヤワンヤと、暮れから正月にかけてわが〝あすか〟に滞在したテレビ朝日飛行隊（隊長・村山雅美）の慌ただしさ。それにもましていちにちぢゅうあかるい夏期間は外作業が集中する。南極には暮も正月もないにひとしい。

それは旅行ちゅうでもおなじこと。いまはわが隊さいごの第Ⅴ期旅行のまっさいちゅう、天候がよかったので大晦日まで探査、正月も二日からは隕石探しの再開だ。南極ではすべてのことがお天気次第なのだ。

それでもいよいよ押しつまった三十一日は昼で探査を切りあげ、午后は久方ぶりに自分の掃除だ。身体を拭いたり、あたらしい下着に着替えたり。

夕方の（とはいっても、まだまだ陽はたかい）暖かな陽射しのなか、よい気分で褌一丁になる。

暖かな日とはいっても気温はマイナス10℃にちかいのだが、寒冷に慣れてしまうと、ふだんより10℃か15℃気温があがると、マイナスの気温とはおもえず、とても暖かくかんずるものだ。ここ三〇〇〇メートルの裸氷の高地では、さすがにそんなことはできないのだけれど、標高一〇〇〇メートルに満たない〝あすか〟では年に数日、Tシャツ一枚でそとにでられるときがある。

雪上車の後部ドアを開け放して、極地の夏のひくい太陽を浴びながら、一年分の（じっさいはひと月ほどの）身体の洗濯だ。

サッパリとした気分で下半身を寝袋のなかにつっ込み、夕食の支度をはじめる時間まで、チビリチビリと南極モルトを嘗めながら、だい好きなバルカンの７５９ミクスチュアをゆっくりと燻らす。

明けて翌日は正月の元旦。

しかし、たとえ正月休みがたったいちにちとはいえ、こんなメデタイ晴れの日に、やさしい酒たちのわろかろうはずがない。それがたとえ真そこ味わいきれなくたって。

それにしても、天狗舞の石川酒としてはクセのすくない、破綻ない調和美はかぎとれたし、ドイツワインもブールのキーゼルベルク・シュペートレーゼには上品な優雅さがただよい、Ｂ・ヴォルフのマリエンガルテン・カビネットにはミッテル・ハート特有の華やかさがあった。せんじつクリスマスで開けたバッサーマンの鄙びた土くささもなつかしいものだった。このくらいまででも味わうことができたなら、苦労してこんな涯ての地にまで連れてきた酒たちにも申しワケがたつというものだろう。

やさしい酒たちはとうのむかしになくなって、宴もたけなわになるころ、三本ほど卓にだしておいたコンク・ウイスキーの瓶が、いつのまにかカラッポだ。まさか二五リッターのコンテナのままテーブルのうえにのせるわけにはいかないから、市販のスコッチの瓶に入れ替えてある。

きれいな瓶に詰め替えるだけで、おなじ酒でもずいぶんと旨くかんじるようになるのだな。これをポリタンクにでも詰めて卓上にだしておいたらどうだろう。みなのピッチも幾分かはさがるかもしれないな。いいかげんなものだ。

いやいや、こんなきびしい環境でさえ、そうは云ってもやはりうまい酒からなくなっていく。

卓のうえにはタイプBやタイプCのコンク（南極モルト）といっしょに、スコッチモルトのグレンモレンジも置いてあるのだが、みなの手はどうしてもモレンジにのびる。人間の舌なんていい加減なようでいて、やはり確かな部分もあるのだな。

野外探査時の酒はタイプBモルトとアイラモルトのラフロイグだ。越冬の初期、このクセのつよいアイラモルトはまったく人気がなかったが、酷しい探査時のあいまにキュっとやることを隊員諸君が覚えてからは、探査の酒はラフロイグが合言葉になり、越冬終了まで飲みきれまいとおもわれた酒も、たちまち底をついてしまった。やはり人間の舌は求めるものをしっている。

昼下がりのひくい太陽が、幌カブのアクリルの窓から射しこんで、ストーブの熱、調理台の熱とで火照ったみなの顔を赫くする。

さあ、あすからはまた氷上探査の開始だ。氷の大陸のまっただなか、周囲何百キロ四方、我われのほかには人っ子ひとりいないけれど、しばらくのあいだだけでもうまい酒に酔い痴れて、あたらしい年を祝おうじゃないか！

南極食糧のはなし

屋根まで埋もれてしまった飯場棟をブルドーザとバックフォーをつかって掘りだす。かき除けた雪は風下の、それもなるたけ、のちのちの計画を考慮して遠方にはこぶ。大量の雪をそのまま無計画に放置することは厳禁だ。それは〝ドリフト〟発達のおおきな原因になってしまうのだから。

入口のドアがみえてきたら、あとは人力。強力印のスコップをつかって掘り進む。

飯場棟はその建物自体を大型の冷凍庫をつかって建てたものだから、ドアのノブを奥へ押して、内側にむかって開けるようになっている。だから根元まで掘らなくとも、ドアノブさえみえてくればこちらのものだ。

内部はもちろんマイナス20℃台。いまは基地内に収容しきれなかった冷凍野菜をおもに収納している。きょうはなかから不足してきたオレンジと長葱を取りだそう。

あとなにか、取りだしておいたほうがよさそうなものはなかったかな？　なにしろれいのブリザードが吹きはじめれば、わずかいちにちで、またもののみごとに、完全にもとどおり埋まってしまうのだから。

ここ数日来、さいわいなことに天気のよい日がつづく。南極ではすべてのことが、まさしくお天気次第。しかし、だからといって脳天気や日和見な奴がとくにおおいともおもわれない？

こんなよいお天気の日には、それでなくとも乾燥した南極だもの、缶ビールとオレンジなどの果物の消費が急増するんだ。

ここでわれらが基地〝あすか〟の食事情にふれてみよう。

西丸震哉氏がその開発に携わったときく、そののちに一世を風靡した〝インスタントラーメン〟は、もともと南極での使用を目的とするものだったそうだ。しかし、いまやここ南極では、このインスタントラーメンも非常食としての性格がつよく、いまでも旅行食としては調法しているけれど、基地ではわずかにカップ麺が夜食用として気を吐いているにすぎない。

その南極食糧も冷凍技術の発達にささえられて、いまでは肉、魚、野菜とも高品質のものがつかわれている。往路オーストラリアで購入する生鮮野菜も、ものによっては一年ちかくつかうことが可能だ。低温、低湿度、しかも細菌のすくない南極では、生鮮物のみならず、米や小麦粉なども変質しにくく、数年まえのものでもかわらず食すことができるほどである。

さて、わが〝あすか〟の食糧は総量約二三トン、なんと千六百梱ほどにもなったから、せまい基地内にはとても収容しきれず、その半量ちかくを〝外デポ〟とせねばならなかった。それでも冷凍の肉や魚類は基地内の冷凍庫にむりしてぜんぶ収めたし、冷凍野菜類は基地三棟を結ぶ地下通路の横に大型の雪洞（そこは常時マイナス15℃から20℃）を掘り、屋外の飯場棟とあわせて、これも全量収納できた。生鮮野菜や禁凍結品（マヨネーズ、乳製品の一部、生鮮卵、コンニャクその他）や醸造酒（清酒やワインなど）は調理室のとなりの収納庫（0℃からプラス3℃ほど）に収めたのはいうまでもない。この収納庫の温度管理が傑作で、室内側（常にプラス23℃）の扉と通路側（マイナス10℃）の扉の開閉にのみ頼っており、いちにち数度の手動開閉をひつようとした。この煩わしい作業もむろん調理担当のしごとだった。

〝あすか〟の酒については、おなじ酒類でもアルコール度数のたかい蒸溜酒類やきわめて量のおおい缶ビールは外デポにせざるをえない。缶ビールはとうぜん即冷凍になるから、二ヵ月ほどが過ぎたころから濁りや澱《おり》がではじめる。これを冷凍混濁という。しかしそれは漸進的な変化だから、飲むほうもそんなものだとおもって我慢するけれど、次隊の

野菜庫雪洞。建物を結ぶ地下通路に掘る。常時マイナス 20℃

持ってきてくれるあたらしく新鮮なビールの旨さはやはり驚くに値する。

いままでの南極情報では、国産の生タイプやオーストラリア産は濁りがでやすいといわれていたが、この澱や濁りも銘柄によっても出易さに差があり、こんかいはなんと、パース産のラガービール〝スワンの黒缶〟がさいごまで優秀だった。

さてそんなわけで、ハイテクの冷凍技術にささえられた南極の食生活は、いまや美食の時代ともよべるようなありさまで、つい〝飽食の南極〟などと口走って顰蹙を買う。

むろんそうはいっても、いちど越冬をはじめれば、つぎの隊のくるまでの一年ちかくのあいだ、補給は途絶されることになるわけで、不足のモノがでても、ちょっとちかくのスーパーまでというわけにはいかない。それでなくとも調理というのは細ごました食品、調味料の入用なことがおおく、嗜好調査（全隊員の母親に手紙をだして、その好みや家庭料理、郷土料理を訊いた）を踏んで購入してきたはずの主要食品ですら、その消費は流行の波？ に左右されることもあり、調理担当の苦労は絶えない。しかも南極へ来ると嗜好の変わる人間だっていないわけではないのだから……。

さいきん南極食糧で話題にのぼることは、冷凍食品、乾燥食品を主体とした食生活の栄養価の問題である。たとえば、ながい越冬生活も終盤になると、なんとなくイラついたり、ものを云うのに喧嘩腰になったりすることがおおくなる例は、いぜんより報告されていた。これをいままでは、たんに長期間、おなじ顔ぶれで隔絶された生活をつづけてきたためのストレス、として片づけられてきた。それもむろんあろう。しかしこれを飲食の面からかんがえてみると、カルシウム分の摂取不足にもその一因があるのではないか、と指摘されはじめたというわけだ。

ビタミンEと血行不良・凍傷の問題、生野菜不足に依るビタミンCの問題などは、とうぜん、いぜんから対策がなされてはいるが、それいがいにも問題にすべきコトはおおいのではないかというのだ。もっともあのきびしい健康診断をくぐり抜けてきた、健康には自信のある？連中のことゆえ、EやCのサプリメントもじっさいにはそれほど利用されているわけではないのだが。

携行してきた食品の性質からして、各種栄養価の漸減あるいは不足などはむろん予想されていたことだが、一年の越冬ではそれほど深刻な影響はないとかんがえられていたのだ。

おなじ栄養素といっても、食品の種類によって、あるいは各種ビタミンやミネラル類の種類によっても、それはとうぜん、冷凍にしたり長期保存したりしたときの減りかたには相違がでてこよう。げんに野菜などは収穫して数時間で、その含まれる栄養素は減りはじめ、三日もすれば、ものによっては半分いかになるというではないか。

こちらがしらないだけで、冷凍食品、乾燥食品、あるいは各種缶詰類などの保有栄養価の研究などは、その筋の努力によってずいぶんと進んでいるのだろうが、それはそのサンプルの質によっても結果によほどのちがいがでるだろう。たとえば冷凍野菜は原料を収穫してどれくらい時間のたったモノをつかったか、あるいは冷凍の技術・方法の如何？

しかし、それを云いはじめたら、日常我われが口にする食品の質の問題も避けてはとおれないことになる。水耕栽培、促成栽培、ビニールハウス栽培、未熟期収穫（いずれも旬の忘却）、化学肥料や人工農薬の使用、また動物性食品では各種養殖と人工飼料・抗生物質の使用、過密養育などなど、数え挙げたら頭の痛くなることがおおすぎる。とんだ脇道にそれてしまった。

　さて、ここ数年、極地研究所の食糧分科会でそんなことが議論されていることはしらなかったけれど、こちらもこの問題については、それなりにかんがえるところがあった。

　こんかいのわが二九次あすか隊はとくに旅行がおおい。みじかいやつで一ヵ月弱、長期のものは二ヵ月半の調査旅行が、冬季越冬をはさんでの一年間の滞在ちゅうに五回ほど計画されていた。そのさい携行できる限られた食糧品でやっていくとき、とうぜんビタミン類などの不足が問題になるところだ。

　さいわいアメリカに本社のあるサプリメント（栄養補助食品）の会社（日本シャクリー社）にいぜんから伝手《つて》があったため、迷わずこの会社にコンタクトをとった。

　この会社のアメリカ本社はこれまで、アメリカ隊によるヒマラヤ・エベレストの無酸素登頂、北極点無補給到達、ボイジャー号の無着陸世界一周などの食糧関係を担当した実績があるのだが、日本ではいままでこういった探検、冒険のバックアップに関係したことはなかったようだ。

　もっとも、重量にたいへんシビアなこういった登山や探検とことなり、南極遠征は食品の質はともかく、その量や品目のおおさは桁ちがいだ。じっさい、こういったサプリメントの使われかたも、前夜少少飲みすぎたから摂るという、まことに不謹慎かつ場当たり的なものがおおく、こちらのアピール不足もあって、ふだん飲み慣れない連中は、さいしょのうちは手をだしたがらない。それは南極だけのことではないのだろうが、豊富な食糧に目眩まされて、なかなか過剰あるいは不足という栄養の偏りにまでは気がつかないものだ。そのため、この寄贈願った多種類のサプリメントは、基地内の食堂の隅にコーナーを設けて自由消費としたが、じっさいよく使われだしたのは越冬も終盤にさしかかるころからだった。一病息災⁈とはほんとうによく云ったものである。

【南極食品アラカルト】

＊カイワレダイコン

ごぞんじのかたもおられるとおもうが、南極ではいぜんから青物不足を補うために、こういったモヤシの類を発芽させ使用していた。

じっさい、サラダなど生で食える緑色野菜への渇望はたいへんなもので、生鮮野菜の項でもふれるが、キャベツの脇芽や玉葱の芽出しを飾りにとおもってテーブルのうえに載せておくと、いつのまにやら消えている！　通りがかった奴が、ついフラフラと口にいれてしまったのだ。

ことほど左様に生野菜には飢えているから、カイワレはじめ各種のモヤシを、みなずいぶん熱心に栽培したものだ。昭和基地のほうは我われ二九次隊から本格的水耕栽培システムを導入して、トマト、キュウリなどの結実・収穫までチャレンジしたが、聞くところによるとこの試みは成功裡におわったそうでご同慶に堪えない。

たいしてわが〝あすか〟には、スペース的にいってもそんな余裕はとてもなく、せいぜいモヤシがいいところなのだった。

それでも種類だけはカイワレはじめ、モヤシ豆（グリーンマッペ）、アルファルファ、青シソ、ミックス・スプラウト、蕎麦など多彩。なによりもカイワレの緑と辛みは食欲をうながすものだった。

＊蕎麦粉

この蕎麦粉と南極の手打ち蕎麦については、「白い沙漠と緑の山河」の〝オーロラの手打ち蕎麦〟をおよみ戴きたい。

＊ウナギ蒲焼

いまどきの調理済み蒲焼にはまずまず食えるものがおおい。贅沢さえいわなければ、こんな簡便なものはない。旅行用に適するのはむろんのこと、基地内でも朝から食うやつがあらわれる始末だ。ダブルと称して飯とウナギを二重にのせて食す豪傑も、さすがに越冬も後半になると朝から試みることはなくなった。

＊オーストラリア産肉類

従来から牛肉のたいはんは往路、西海岸の寄港地フリマントルで購入していた。しかし、いまひとつ評判はかんばしくなく、グレードのみなおしが期待されていた。

ストリップロイン（ロース肉）は硬くて味がなく、テンダーロイン（ヒレ肉）は柔らかいばかりでこれまた味のノリがわるい。調べてみると両者とも最低グレードにちかいものだったようだ。

オーストラリアだってうまい肉はあるはず。さっそくサプライヤーにファックスをいれて、こちらの意向を伝え、数種類の見本を航空便でとり寄せ食べ較べてみることにした。

そのけっか、ストリップロイン二種（そのうちのひとつは、なんと米国産）、テンダーロイン一種をまずは合格として発注した。ちなみにヒレ肉（直径約一〇センチ、長さ六〇センチ）はキロ当たり一二豪ドル（当時のレートは1ドルが日本円九八円）、豪ロース肉は八ドル、合州国産はその倍ほどの値段だった。

これでその味のほうはなかなかのものなのだから、ほんとうに安いものである。ことにオーストラリアでも西海岸は物価の安い処で、現地サプライヤーの係員によれば、東海岸のシドニーなどより確実に二、三割は安いそうな。世界ぢゅうの主要寄港地のなかでも特筆ものだそうである。その影響は免税で購入する酒類にもとうぜんおおきな恩恵をもたらす。

ここでは肉類（おもに牛肉と羊肉）のほかに、海産物（活きのジャイアント・ロブスター、生牡蠣、冷凍カニ類など）、バター、ナチュラル・チーズ、生鮮卵、生鮮野菜・果物などもあわせて購入する。この巨大ロブスターではたいへんな珍事がもちあがった。元気よく生きたママ箱詰めされてきたかれらが、なんと、その数おおくの箱をおし開けて跳びだし、〝しらせ〟のひろい甲板上をわが物顔に跳ねまわったのだ！　その捕り物劇のすさまじかったこと……。

＊生鮮野菜

オーストラリアで仕入れる重要なもののひとつに、生鮮野菜、生鮮果物、生鮮卵がある。肉、魚、野菜とも冷凍品が基本の南極で、これら生鮮食品がたいへん貴重なものになることは、どなたにも解っていただけるものとおもう。

このうち生鮮野菜は初越冬の前次隊（二八次隊）が収納に手間どり、そのたいはんを傷めてしまったことをおもい、我われはかれらの倍量いじょうを買い付けた。しかし、搬入はおもったよりスムーズにゆき、かつ南極は前述のようにモノの保存に適するために、保有栄養価はともかく、越冬最終期まで食せるものもでるほどだった。

種類は越冬用としてキャベツ、ニンジン、タマネギ、ジャガイモ、カボチャ、夏用としてレタス、キュウリ、ナス、ダイコンなど。むろん夏用はその品目をみてもわかるとおり、はやく食べないとすぐ使いものにならなくなる。

越冬用野菜を保った順にならべると、ジャガイモ、キャベツ、タマネギ、ニンジンで、どういう理由《わけ》かカボチャは四ヵ月ほどで駄目になってしまった。なんとか六月まで保たせたかったたモノだ。冬至かぼちゃというではないか。

このうちジャガイモ、キャベツは越冬のおわりまで食べることができた。ただし、ジャガイモはさかんに芽をだして萎びたし、キャベツは表面の枯れを剥きながらなので、終盤に至っては、ほんの芯にちかいおおきさにまで縮んでしまうのだった。

タマネギもおおいに芽はでたけれど、これは長葱の代用品として薬味にたいへん調法したものだ。このナガネギも冷凍品とフリーズドライのものはべつにあり、煮物、鍋物などはこちらを使用した。

果物はオレンジがたいはんで、その半量ほどのグレープフルーツと少量のミカン（マンダリンオレンジ）と青リンゴである。そのうちオレンジとグレープフルーツはすぐに戸外の飯場棟で冷凍保存した。ただし、やはり冷凍にすると、しかも急速冷凍ではないからなおのこと、味も落ち苦みも増した。けれどこれは已む莫い処置というものだ。青リンゴがいがいと保って、さいごまで生で食べられた。豪州の林檎（アプルアイランドのタスマニア島産か？鱒釣りとワインの島、帰路がたのしみだ！）と蜜柑は、ベタベタと甘いだけで手にも気味わるい昨今の国産モノとちがい、ひと昔まえのわが祖国のものに似て、酸味がほどほどにつよく、まったく懐かしいうまさに溢れていた。

生鮮卵は防腐剤を使用していないにも係らず（サプライヤーはそう明言した）、驚くべきことに一年が経過しても腐敗はほとんどみられず、なんと！いつまでも生玉子で食べられたのだ。もっとも、終期には気味わるがって、それを生で食すヤツはすくなかったけれど。この卵には特有の臭気があって、これをさいしょ防腐剤とまちがえたのだが、それはどうもかの地の飼料に因るもののようであった。

＊南極とお茶

山千家宗匠（渓水で一服の野点をたのしむ自己流派。ただし海千山千ではないのだから誤解なきよう）を自称する者に、出発まぢかになって強力な援軍があらわれた。煎茶の世界ではこのひとあり、としられた小川八重子さんである。ひとを介してお会いした小川さんに、どういう理由《わけ》だか、いたく可愛がられてしまった。たぶんお茶もふくめた食物にたいする自然観におたがい共鳴するところがあったのだとおもう。抹茶、煎茶にかぎらず、いまの日本の不自然なお茶づくりに不安と不信と不満が芽ばえていた矢先だった。

小川さんの自然食（このコトバにはいま流行りの愚劣なニオイがつねにつき纏うが）としてのお茶のはなしにはつよい説得力があった。

いまはもう忘れ去られようとしているかにみえる、古来の製法の釜炒り茶や郷土晩茶。そこは九州や四国の標高七〇〇メートルほどの高地であるため害虫や菌がすくなく、そして地中ふかく根を張らせる栽培法によって農薬、化学肥料の必要を認めない。このしぜんな栽培、製法の小川さんのお茶は、釜炒り茶いがいの蒸し製の煎茶や晩茶でも、添加物などむろん使用していないため、なん服差してもけして濁らず、いつもうつくしく上品に澄んでいる。それにしても差しの利くこと！

深蒸し茶などのどぎつく濃いお茶に馴らされてしまったひとには、もの足りなくかんずるほどもの静かだが、いちどその世界にひき込まれてしまうと、それは凛然として格調たかい。それだけにじょうずに淹れるのはなかなかむつかしく、はじめのうちはどうしても茶葉をよけいにいれ過ぎてしまいがちだ。

これを南極の古代氷で淹れてみようというのだ。むろんふつうは熱湯（湯冷ましではなく）をつかうのだけれど、〝秀香〟となづけられた釜炒り茶は、冷水でいれても独特の芳ばしい香りがたつのだ。これでまた、たのしみがひとつ増えた。

南極はその極度な低湿度のため、それでなくとものどが渇く。晩茶は熱くしても冷たくしても障りなく、いつでもおいしく飲めるので、〝みまさか〟という名の晩茶はアルマイトの大薬罐につくり置きし、いつでも欲しいときに飲めるようにしておいた。このようなお茶の飲みかた、たのしみかたを小川さんは〝常茶《じょうちゃ》〟とよんでいる。

越冬総仕上げに向けて

ほとんど屋根まで埋もれてしまった基地のうえを、つよい恒常風が五日となく一週間となく吹きつづけている。いちど吹きはじめると、息つくことを忘れたかのように吹きまくるこのつよい風を、カタバ風（カタバチック・ウインド）とよんでいる。

南極大陸は、ちょうど正月の鏡餅を載せたように、その丸い大陸のうえを厚い氷が覆っている。その平均氷厚は二〇〇〇メートルにも達するという。そんな大陸の高所から圧縮された大気が大陸外縁にむかって吹きおろす。カタバ風とはそんな山風の一種である。

もうわれらのあすか基地から太陽が去ってしまってひと月になる。いちにちぢゅう真っ暗闇の生活の重圧が、そろそろ越冬隊員たち十人のうえに、重くのしかかってきている。

そんな重苦しい気分を（じっさいは気分というような生易しいモノではないのだが）すこしでも和らげようと、日本の基地のみならず、南極のおおくの基地がれいのミッドウインター・フェスティバルを盛大に繰りひろげるのもこのころだ。

それに相前后するように、昭和基地でもあすか基地でも、越冬ちゅうのたいせつな行事のひとつ〝南極大学〟が開校される。

七月七日、よく晴れて風すくなし。よていどおり夕刻より七夕祭。たなばたの夜にふさわしく満天の星。天の川のうつくしい夜というより、なんとなくオーロラの激しくなりそうな予感のする空だ。

このところまい晩、空はよく澄み風はない。こんな夜（とはいっても二十四時間夜なのだが）、しかも地磁気計や通信が乱れたりすると、きまってうつくしいオーロラが出現する。今夜がそんな晩なのだ。

夜中、ここちよいワインの酔いを醒まそうと、星とオーロラを撮しにマイナス40℃の暗闇へ。ざんねんなことに期待したほどのオーロラは現れることなく、それは七夕の夜にふさわしい、ぼんやりとしたミルキーウエイのような帯だった。

七月十一日。朝から快晴無風。午前ちゅうドクターの定期の検査・検診。きちんとした設備が整っているわけではむろんないが、それでも男十人の島流し、その安心感はかぎりない。

まあ、おおよそこんなぐあいに、越冬隊の冬の日びはすぎてゆく。隕石探査がメインオペレーションのわが隊は、暗闇のなかでは仕事にならない。だからといってまいにち呑んだくれてばかりいるワケではむろんない。

隊長はセルロンの南に抜けるルートを見いだすのに必死だ。かれは未知の裸氷帯に隕石を探すために、辛く苦しい越冬の日びを過ごしているのだ。あかるくなる日を待ちわびているかれのこころが痛いほど判る。セール・ロンダーネの南の裸氷、ナンセン氷原は、南極はいうにおよばず、この地球上に残された数すくない〝地図の空白部〟だ。僅かな航空写真からもクレバスはじめ幾多の困難が予想される。

冬明けのⅣ期、Ⅴ期の旅行のために、夏のあいだ幾度も飛行機を飛ばした。だいいち、第Ⅲ期までの行動は南へ抜けるルート工作が主たる任務だったのだから。

テラ・インコグニタ（未知未踏の地）に向かうということに血の騒ぎを抑えられない脳天気のやまのぼりとは対照的に、隊長の心痛は如何ばかりだったか。

むろんその脳天気もそれなりに仕事をこなしてはいた。レーション（旅行用食）のマニュアルを作成し、それにしたがってつぎつぎと調理済みの食品を冷凍にしていく。

チャーハンなどいちにち一〇キロは煽《あお》ったものだ。人数分、六日ワンレーションの段ボールは、戸外の旅行用橇に片っ端から積みこんでいけば、そのママ手間もなく即冷凍になるというワケ。

それぞれほかの隊員たちも越冬明けの探査旅行の準備に余念がない。ミッドウインターを過ぎれば太陽を迎える日が刻刻とちかづいてくるのだ。

越冬明けの旅行はそんなワケで、隊員みんながそれぞれの念いで待ち望んでいた。

七月二十六日には二ヵ月ぶりで、ようようお陽様も顔をだし、またそれを肴に宴を設けた。題して〝初日の出を祝う会〟。日本からだいじに持ってきた和牛の上ロース、ひとりあたり四五〇グラムのステーキを焼きやき（オーストラリアン・ビーフなら腐るほどあるのだが）、ワインだけは身近な大陸に敬意を表して四種類の豪州ワインをたのしんだ。すこしばかり味の濃い豪州産の生牡蠣（その種類はたいへんおおいが、なかでもジャパニーズ・オイスターとよばれる仙台ガキに似たのがうまい）はシャルドネ二種でやっつけて、メインディッシュにはタイプのちがうカベルネを添わせてみる。

さて、こんなたのしみも、いちど太陽が地平線のうえを繞りはじめれば、もうとおい冬の夢だ。

さきにはⅣ期、Ⅴ期の長期旅行が待っているし、それでなくとも暗闇のあいだに溜まった基地まわりの外作業が山積みしている。

最終の第Ⅴ期旅行のための隊長の腹案も固まってきたようだ。

調理関係のレーションづくりも、ながかった冬籠りのあいだにほとんどすませた。あとは装備の隊員と調理器具関係の打ち合わせをするばかりだ。

こうして基地内だけの生活はおわりを告げ、いつのまにか旅行準備のための屋外での作業などがおおくなってくる。あのやさしかった〝繊細な酒たち〟ともしばらくのお別れだ。

さて、南極の生活、南極の酒についてふれるとき、二九次あすか隊の隊員たちにとって忘れられない出来事がある。

それは二ヵ月半にわたる第Ⅴ期旅行でセール・ロンダーネ山地を一周したあと、もういちど振り出しの我らがあすか基地に戻ってきて、南極さいごの酒宴晩餐をするつもりでいたのだ。そのための酒も基地に残してはきた。

それがクレバス転落という不幸な事故のために、旅行隊員九名はにどとなつかしの基地に還ることはなかった。まる九日間、事故現場待機のすえ、ヘリコプターにピックアップされて、南極観測船しらせに収容されるという顛末におわったからだ。

この〝クレバス事故ピックアップ作戦〟はまた、おもわぬ副産物をもたらした。そのごとおい日本としらせとのあいだで、いろいろな遣り取りがあったのだけれど、怪我人を急ぎ日本へ搬送するために、〝しらせ〟は海洋観測をいちじ中断して、南アフリカのケープタウンに廻航することになったのだ。

南米、豪州と南半球のワインを南極に持ち込んだものにとって、不幸ちゅうの倖いとはいえ、もうひとつの南の大物〝ケープワイン〟に相まみえることができようとは！

船がケープの外港に停泊したのは、まだ夜も明けやらぬ早朝だった。ケープ名物のテーブルマウンテンがシルエットになって浮かびあがる山裾に、無数の街の灯りが瞬いていた。

太陽の昇るのを待ちかねたように、特別の上陸許可をえた隊員たちはケープの街に散っていった。一年数ヵ月ぶりの緑の大陸だ。土だ。街だ。人だ！

予想したとおり、ケープの街はうつくしかった。あかるかった。燦燦と降りそそぐ南国の太陽と、からりとした大気は晴ばれとここちよかった。その空気感はオーストラリア大陸のそれに似ていなくもなかった。それじしんは深刻な問題として残るにしても、あの悪名たかきアパルトヘイト政策によって白人の家しか視野のうちにないことも、このばあいだけは気持ちをあかるくさせることに寄与していた。

ほんの僅少の間だったが、むちゅうになってケープの街の本屋、酒屋を飛び廻った。

それにしてもケープワインは予想いじょうの大物だった。むろん本物も多数船に持ちこんで、シドニーに着くまでの二ヵ月ちかくの航海ちゅうをたのしませてもらったし、そのいちぶは日本に送らせもした。そんなひとりのワイン好きを乗せて、いま船は豪州シドニーに向かって、めずらしく波穏やかな暴風圏を進んでいる。

さらば、呑んだくれ大陸南極！

【あらずもがなの注】

※ **ウインドスクープ**＝別項〝サスツルギ〟とははんたいに、裸氷上の雪氷面が恒常風によって削られてふかい窪みになったもの。ちいさいものでは数メートルのふかさだが、巨大なものになると、あすか基地ちかくの〝シール岩〟の風下側に発達したウインドスクープはそのふかさ数百メートル、ながさ数キロメートルという規模にまでなる。その生成のきっかけは氷瀑（アイスフォール）のなれの涯てという説もある。裸氷上にブリザードが吹き荒れているときも、この〝青の洞門〟に降り立つと、その静謐のさまは別世界だ。

※ **A260**＝Aはルート記号。ルート上には一キロメートルごとに赤ハタを立てながら進む。したがってA260とはAルートの起点から二六〇キロメートル地点のこと。

※ **A級ブリ**＝南極のブリザードはそのつよさの程度によって、便宜的にA、B、Cの三ランクに分けられている。A級はなかでももっとも激しいブリザードで、視程一〇〇メートル未満、平均風速毎秒一五メートルいじょう、継続時間6時間いじょうをいう。

※ **エギュイーユ**＝もともとの意味は〝針〟のこと。そこから山岳用語では針峰、突兀とした岩峰をいう。

※ **L・コンドライト**＝内部にコンドリュールという均質な粒子をもつ石質隕石の一種。ふつう隕石の表面は大気圏突入時の摩擦熱によりまっ黒に焦げた所謂フュージョンクラストに覆われ、破砕面からしかその内部はみえない。コンドライトは南極で発見されるもっとも一般的な隕石のひとつ。

※ **カタバ風（カタバチック・ウインド）**＝南極大陸の内陸高地から吹きおろす卓越・恒常風。大陸外縁部ほどその風力はつよくなる。ちなみにわが〝あすか〟周辺ではセール・ロンダーネ山脈東部のバード氷河を抜けて吹きおりてくる恒常風が卓越していた。

※ **コンク（コンクウイスキー）**＝南極では従来〝コンク〟とよばれて親しまれてきた。このウイスキーはいぜん

よりアルコール度数80度などといわれてきたが、じっさいは日本国内の消防法により59度未満でないと運搬が難しくなるため、従来のコンクも60度いかのものだったろう。

　このコンクは運搬用のステンレス・コンテナーを某大メーカーから借用していたため、そのメーカー製のウイスキー一本やりだった。

　それをこんかい、我われはタイプのちがう三種類の所謂コンクを用意することができた。このわれらの酒は三楽オーシャン社のご厚意によるもので、それはアルコール度数59度のウイスキー原酒といったほうがよいものであった。そんなワケでいままでのコンクと区別するために、これからはわれら二九次隊の、このコンクに替わる酒を〝南極モルト〟とよぶことにしよう。

　この三タイプのうちタイプAは英国産モルトと同社製モルト〝軽井沢十年〟とのヴァティングモルト。タイプBは軽井沢一〇年そのもののピュアモルト。タイプCはモルトではなく、同社製市販ブレンデッド・ウイスキー。ちなみにこんかいは運搬の便をかんがえ、二五リッター入りのステンレス・コンテナーを新製したために、いれる酒に捉われるひつようはなかったのだが、なんといっても同社のこころよい協力には感謝の念に堪えない。

※　**サスツルギ**＝恒常風によって削られた雪氷面の凹凸。数センチから数十センチというひくいものから一，二メートルに達するものまで様ざまなたかさがある。そのひくいものでも雪原一面に広がったサスツルギ上では走行する雪上車の揺れが激しく、時速数キロとスピードは落ち、むろん快適ではない。しかしその切削された雪の形は様ざまで、あたかも巧まずして自然の造った彫刻作品のようだ。

※　**シンクレア**＝英国シンクレア社のバージニア葉を主体にしたネイビーフレイクのパイプ莨。

※　**スノモ（スノーモビル）**＝チタン合金で強化した特殊スキーを履いた南極特別仕様。旅行ちゅうのルート探索にもつかうが、隕石探査・採集の強力な武器。

※　**卓越風**＝カタバ風（カタバチック・ウインド）をみよ。

※　**棚氷**＝大陸氷河が海に落ち込む際《きわ》の水平に横にながく伸びた氷の懸崖。
※　**チャージング**＝砕氷船が進行しながら氷を割って進むことができないほど氷の厚いとき、いちどバックして勢いをつけて突進し氷を割って進むこと。
※　**デポ棚**＝隊貨物をデポジットするための棚。ふつうは基地内に収容しきれなかった大量の荷を置くために屋外に造った外デポを指す。それは次項〝ドリフト〟の恰好の標的になり、ブリザードのあとにはきまってつらい掘りだし作業が我われを待っていた。
※　**ドリフト**＝ブリザードによって運ばれた大量の雪が雪上にある物体の風下側に溜まり、発達した雪附きのこと。われらが基地あすかも、とうぜん雪氷上に建てたのだが、建物自体の重みと接触融解ならびにこのドリフトによって、数年を経ずして屋根まで埋まり地下基地と化した。また隕石にドリフトが附くと方角によってはまったく発見できないほどみづらくなる。
※　**No.７５９ミクスチュア**＝英国バルカン・ソブラニ社のラタキア・ブレンドの格調たかきパイプ莨。
※　**ヌナターク（ヌナタック）**＝雪氷原上に孤立して聳える岩峯。それはあたかも白い大海原に浮かぶ孤島、岩礁のようだ。雪原上に数十メートルしか顔をだしていないヌナタークも、平均氷厚二〇〇〇メートルという南極雪氷原におけるその根はたいへんふかい。基地から雪上車で一時間ほどの距離にある〝ロムナエス〟ヌナタークは〝あすかのスキー場〟として、いつもわれらを呼んでいた。
「ヌナタック・大陸氷河によってとりかこまれた基盤の岩石からなる山。エスキモー語」Ｅ・シプトン著〝嵐の大地〟訳注より。
※　**パックアイス**＝主として定着氷が細かく割れて海に流れだしたもの。なかでも薄く広がった円型のものは蓮の葉に似ており、ロータスアイスとよびたい。
※　**ヒドンクレバス**＝クレバスの割れ目を雪が覆いつくして外見からはその存在が判らぬものをいう。

※　幌カブと南極幌馬車隊＝幌付きのカブース（caboose）橇《そり》。旅行用のメステント（食堂兼居間）として使用。それを西部劇の幌馬車隊にみたてたワケ。とうじのフィッシング誌の編集長吉本万里氏の命名。

※　裸氷帯（ベアアイスエリア）＝卓越風カタバ風によって表面に積もった雪が飛ばされて氷面が露出した処を裸氷という。それが広範囲にわたって広がっている状態を裸氷帯といい、我われの探査地域〝ナンセン氷原〟では、その広いものは東京都の二倍ほどの面積がある。そこは隕石集積の宝庫。またここで採れた氷がごぞんじ純正〝南極氷〟だ。

【云わずもがなのアトガキ】

それにしても、このような場ではしばしば、「いまとなっては直したいところも多多あるのだが」とか、また逆に「こういったものはいま書けと云われてもとてもかけない」とかいう筆者の弁をきくことがある。しかしこれは双方、反対のことを云っているようでいて、じつは若書きにたいする弁解にすぎない。ひとはよきにつけあしきにつけ変わるものである。この世には恒常不変の実体はない。だが、こんなコトにここであらためて触れるというのも云い訳そのものではあろう。

また文中各処で、なかでも番外編に於いて、未消化に了っている食養（陰陽の原理）のかんがえかたについては、そのご〝食養テキスト〟あるいは〝醇な酒のたのしみ〟などの別文章に聊かの進展の跡がみとめられよう。

さいごに、文中のクレバス事故や登山の部分については関係者、当事者もおることで、あるいは公表を控えねばならないものだったかもしれぬが、しかしそこはまた全体にとって重要なところでもあり、それにかんがみ最小限の表現としたことでこれを諒とせられたい。

平成二十五年七月

遠地庵草舎にて　古山勝康識

南極銘酒リスト　44場65銘柄

男山　大吟醸※※（現在は純米大吟醸）

1 男山「国際受賞酒」大吟醸※

男山株式会社　山崎 與吉　〒079-8412　北海道旭川市永山2条7丁目1番33号　0166-48-1931

---

2 白瀑　大吟醸

山本合名会社　山本 友文　〒018-2678　秋田県山本郡八峰町八森字八森269　0185-77-2311

---

3 日の丸　吟醸

4 まんさくの花　特別吟醸

日の丸醸造株式会社　佐藤 譲治　〒019-0701　秋田県横手市増田町増田七日114-2　0182-45-2005

---

5 出羽鶴　純米吟醸

6 刈穂　大吟醸

秋田清酒株式会社　伊藤 辰郎　〒014-0801　秋田県大仙市戸地谷天ケ沢83-1　0187-63-1224

---

7 浦霞　大吟醸　／　浦霞「禅」吟醸※※（現在は純米大吟醸「浦霞禅」）

株式会社佐浦　佐浦 弘一　〒985-0052　宮城県塩竈市本町2-19　022-362-4165

---

8 栄光冨士　古酒大吟醸

冨士酒造株式会社　加藤 有倫　〒997-1124　山形県鶴岡市大山3-32-48　0235-33-3200

---

9 出羽桜　大吟醸　／　出羽桜「一路」吟醸※※（現在は純米吟醸）

出羽桜酒造株式会社　仲野 益美　〒994-0044　山形県天童市一日町1-4-6　023-653-5121

---

10 米鶴「F1」純米大吟醸　／　米鶴「巨匠」大吟醸袋取り

米鶴酒造株式会社　梅津 陽一郎　〒992-0301　山形県東置賜郡高畠町二井宿1076　0238-52-1130

天鷹「飛翔」大吟醸※※（現在は「吟翔」大吟醸）

11 天鷹心　純米吟醸※※（現在は純米大吟醸）

天鷹酒造株式会社　尾﨑 宗範　〒324-0411　栃木県大田原市蛭畑2166　0287-98-2107

---

12 惣誉　大吟醸

惣誉酒造株式会社　河野遵　〒321-3424　栃木県芳賀郡市貝町上根539　0285-68-1141

13	東薫　大吟醸				
	東薫酒造株式会社　太田 健治郎	〒 287-0003	千葉県香取市佐原イ 627	0478-55-1122	
14	金婚正宗「美意延年」 大吟醸　／　金婚正宗「しずく」 大吟醸				
	豊島屋酒造株式会社　田中 忠行	〒 189-0003	東京都東村山市久米川町 3-14-10	042-391-0601	
15	谷桜「米の精」 純米吟醸　／　谷桜「まほろば」 純米吟醸				
	谷櫻酒造有限会社　小宮山 光彦	〒 409-1502	山梨県北杜市大泉町谷戸 2037	0551-38-2008	
16	春鶯囀「冨嶽」 純米				
	株式会社萬屋醸造店　中込 元一郎	〒 400-0501	山梨県南巨摩郡富士川町青柳町 1202	0556-22-2103	
17	真澄「夢殿」 大吟醸				
	宮坂醸造株式会社　宮坂 直孝	〒 392-8686	長野県諏訪市元町 1-16	0266-52-6161	
18	白瀧　大吟醸　／　白瀧　純米　／　白瀧　山廃　／　越の白瀧　本醸造				
	白瀧酒造株式会社　高橋 晋太郎	〒 949-6101	新潟県南魚沼郡湯沢町湯沢 2640-1	025-784-3443	
19	越乃寒梅　純米※※（現在は越乃寒梅　純米吟醸「無垢」） 越乃寒梅「超特撰」500mℓ　大吟醸				
	石本酒造株式会社　石本 龍則	〒 950-0116	新潟県新潟市江南区北山 847-1	025-276-2028	
20	〆張鶴　大吟醸　／　〆張鶴「純」 純米※※（現在は純米吟醸）				
	宮尾酒造株式会社　宮尾 佳明	〒 958-0873	新潟県村上市上片町 5-15	0254-52-5181	
21	鶴の友「上々の諸白」 大吟醸				
	樋木酒造店　樋木 尚一郎	〒 950-2112	新潟県新潟市西区内野町 582	025-262-2014	
22	菊水「ふなぐち菊水一番しぼり」 本醸造生原酒				
	菊水酒造株式会社　高澤 大介	〒 957-0011	新潟県新発田市島潟 750	0254-24-5111	
23	若竹「鬼ころし」 本醸造 若竹「おんな泣かせ」 吟醸※※（現在は純米大吟醸）				
	株式会社大村屋酒造場　松永 孝廣	〒 427-0022	静岡県島田市本通 1-1-8	0547-37-3058	

24	磯自慢　大吟醸			
	磯自慢酒造株式会社　寺岡 洋司	〒425-0032	静岡県焼津市鰯ケ島307	054-628-2204
25	黒松翁　大吟醸　／　黒松翁「金賞受賞酒」大吟醸			
	合名会社森本仙右衛門商店　森本 高史	〒514-0831	三重県津市本町29-24（本社）	059-225-1511
26	宮の雪　大吟醸　／　宮の雪「極上」本醸造　／　宮の雪「久寿」(焼酎)			
	株式会社宮崎本店　宮崎 由至	〒510-0104	三重県四日市市楠町南五味塚972	059-397-3111
27	菊姫　大吟醸　／　菊姫　山廃純米			
	菊姫合資会社　柳 達司	〒920-2126	石川県白山市鶴来新町タ8番地	076-272-1234
28	萬歳楽「加賀の白山」大吟醸　／萬歳楽「鶴来発」純米			
	株式会社小堀酒造店　小堀 幸穂	〒920-2121	石川県白山市鶴来本町1丁目ワ47	076-273-1171
29	天狗舞　山廃吟醸			
	株式会社車多酒造　車多 壽郎	〒924-0823	石川県白山市坊丸町60-1	076-275-1165
30	梅乃宿「雄町・純米」大吟醸※※（現在は「備前雄町・純米大吟醸」）			
	梅乃宿酒造株式会社　吉田 佳代	〒639-2102	奈良県葛城市東室27	0745-69-2121
31	龍力「米のささやき」大吟醸			
	株式会社本田商店　本田 眞一郎	〒671-1226	兵庫県姫路市網干区高田361-1	079-273-0151
32	賀茂泉　大吟醸　／　賀茂泉　吟醸　／　賀茂泉　純米			
	賀茂泉酒造株式会社　前垣 壽男	〒739-0006	広島県東広島市西条上市町2-4	082-423-2118
33	酒一筋「雄町」大吟醸			
	利守酒造株式会社　利守 忠義	〒701-2215	岡山県赤磐市西軽部762-1	086-957-3117
34	豊の秋　大吟醸			
	米田酒造株式会社　米田 則雄	〒690-0842	島根県松江市東本町3-59	0852-22-3232
35	李白　大吟醸			
	李白酒造有限会社　田中 裕一郎	〒690-0881	島根県松江市石橋町335	0852-26-5555

36	**蟠龍　大吟醸** 大王酒造株式会社	※　島根の日本酒。蔵元の「大王酒造」は明和５年（1768）創業。現在は廃業。蔵は益田市津田町にあった。		
37	**梅錦　純米大吟醸** 梅錦山川株式会社　山川 浩一郎	〒 799-0123	愛媛県四国中央市金田町金川 14	0896-58-1211
38	**綾菊　大吟醸　／　綾菊　吟醸** 綾菊酒造株式会社　寺嶋 吉太郎	〒 761-2204	香川県綾歌郡綾川町山田下 3446-18	087-878-2222
39	**金陵「煌」　大吟醸※※（現在は「煌金陵」大吟醸）** 西野金陵株式会社　西野 武明	〒 766-0001	香川県仲多度郡琴平町 623	0877-73-4133
40	**萬代　大吟醸** 株式会社小林酒造本店　小林 弘	〒 811-2101	福岡県糟屋郡宇美町宇美 2-11-1	092-932-0001
41	**窓乃梅「香梅」　大吟醸　／　窓乃梅「花伝」　吟醸** 窓乃梅酒造株式会社　古賀 醸治	〒 849-0203	佐賀県佐賀市久保田町大字新田 1833	0952-68-2001
42	**西の関「秘蔵古酒」　大吟醸　／　西の関　純米** 萱島酒造有限会社　萱島 進	〒 873-0513	大分県国東市国東町綱井 392-1	0978-72-1181
43	**千代の園「エクセル」　大吟醸　／　千代の園　吟醸※** 千代の園酒造株式会社　本田 雅晴	〒 861-0501	熊本県山鹿市山鹿 1782	0968-43-2161
44	**香露　大吟醸** 株式会社熊本県酒造研究所　吉村 浩平	〒 860-0073	熊本県熊本市中央区島崎 1-7-20	096-352-4921
番外	**鈴鹿川　／　「鈴鹿」（焼酎）※** 清水醸造株式会社　清水 慎一郎	〒 510-0225	三重県鈴鹿市若松東 3-9-33	059-385-0011

ただし各酒銘は当時南極へ持ち込んだものです。
※　現在製造中止の酒
※※　南極当時と異なりその後酒銘変更もしくは種類変更のなされた酒

著者プロフィール

古山勝康（ふるやま　かつやす）

1948年千葉県生まれ。千葉県立千葉高等学校卒。

1987年11月より1989年3月まで、文部省第二十九次南極地域観測隊あすか基地越冬隊員（設営・調理担当）として勤務。

元日本ソムリエスクール校長。食養（食物と飲料の秩序）研究者。

リマ・クッキングスクール師範科特別講師。

千葉県千葉市中央区在住。

2013年7月31日　初版発行　《検印省略》

白《しろ》い沙漠《さばく》と緑《みどり》の山河《さんが》
—南極!! 極寒のサバイバルを支えた酒と食—

著　者　古山勝康
発行者　宮田哲男
発行所　株式会社 雄山閣
〒102-0071　東京都千代田区富士見2-6-9
TEL　03-3262-3231 / FAX　03-3262-6938
URL　http://www.yuzankaku.co.jp
e-mail　info@yuzankaku.co.jp
振　替：00130-5-1685
印刷所　株式会社ティーケー出版印刷
製本所　協栄製本株式会社

ISBN978-4-639-02280-0 C0095
192p　21cm